Marco von Münchhausen
Das Münchhausen-Prinzip

MARCO VON MÜNCHHAUSEN

Das Münchhausen-Prinzip

*Wie Sie sich am eigenen Schopf
aus dem Sumpf ziehen*

Kösel

Verlagsgruppe Random House FSC-DEU-0100
Das FSC®-zertifizierte Papier *Munken Premium* für dieses Buch liefert
Arctic Paper Munkedals AB, Schweden.

Copyright © 2011 Kösel-Verlag, München,
in der Verlagsgruppe Random House GmbH
Umschlag: Weiss Werkstatt, München
Umschlagmotiv: Eva Gnettner, Weiss Werkstatt München
Satz: EDV-Fotosatz Huber/Verlagsservice G. Pfeifer, Germering
Druck und Bindung: GGP Media GmbH, Pößneck
Redaktion: Silke Uhlemann, München
Printed in Germany
ISBN 978-3-466-30933-7

Weitere Informationen zu diesem Buch und unserem gesamten
lieferbaren Programm finden Sie unter
www.koesel.de

INHALT

DAS MÜNCHHAUSEN-PRINZIP

DAS MÜNCHHAUSEN-PRINZIP

Wie Sie sich am eigenen Schopf
aus dem Sumpf ziehen

»Sumpf? Wieso denn Sumpf? Ich erzähl dir hier von meinen Problemen und warum ich zur Zeit so schlecht drauf bin, und du faselst etwas von einem Sumpf? Willst du mich auf den Arm nehmen?« – Etwas fassungslos, ja fast schon empört sah Marina ihren Bruder Tobias an, mit dem sie an diesem verregneten Novembernachmittag seit fast einer Stunde in einem kleinen Café an der Hamburger Innenalster saß.

Sie hatten sich nach längerer Zeit wieder getroffen, und ziemlich schnell hatte sie ihm offenbart, dass schon seit einiger Zeit so manches in ihrem Leben im Argen lag. Dass sie ihr Fitnessprogramm wieder mal abgebrochen, ihre Diät aufgegeben und etliche Pfunde zugelegt hatte, war noch das Geringste. In ihrer Ehe mit John lief es gar nicht gut: Er sei ständig gestresst, reagiere immer wieder schroff und launisch, bringe sich überhaupt nicht mehr im Haushalt ein, alles bleibe an ihr hängen, wegen nichts und wieder nichts würden sie sich streiten, und ehrlich gesagt – verlegen blickte sie nach unten – im Bett klappe es auch nicht mehr so richtig. Na, und Alex, ihr Zwölfjähriger, sacke notenmäßig in der Schule immer mehr ab und hocke daheim eigentlich nur

noch vor seinem Computer, gefangen in der Welt der Killer-
und Ballerspiele, und sei kaum noch ansprechbar. Wenn es
denn wenigstens wie früher in ihrem Job besser laufen
würde, doch seit sie ihr bei der letzten Beförderungsrunde
den Sentheimer vorgezogen hatten, obwohl sie eindeutig
die Besserqualifizierte war, sei nun am Arbeitsplatz auch
noch der Wurm drin. Ständig lege ihr jemand Steine in den
Weg, und ihren besten Kunden habe sie kürzlich auch noch
verloren.

»Weißt du, Tobias, ich bin seit einiger Zeit total frustriert,
ich weiß eigentlich gar nicht mehr, worauf ich mich freuen
soll und wie ich mit dem ganzen Mist klarkommen kann!«
Hilflos blickte sie ihren älteren Bruder an, hoffend, dass er
ihr einen Ausweg zeigen könne. Denn tatsächlich war er jemand, dem es gelang, trotz aller Schwierigkeiten sein Leben
immer wieder zu meistern, und der ihr auch schon oft mit
seiner Weisheit zur Seite gestanden hatte. Diesmal allerdings
schien das nicht zu funktionieren, denn mit seiner Antwort
konnte sie kaum etwas anfangen. »Marina, du steckst ja
wirklich ganz schön im Sumpf. Und da gibt es nur ein einzi-
ges Mittel: Du musst lernen, dich – wie einst Münchhausen – am eigenen Schopf aus dem Sumpf zu ziehen!«

»Sag mal, machst du dich über mich lustig? Das kann ich
jetzt nun gar nicht gebrauchen!« Ihre Augen funkelten fast
wütend. Doch Tobias schüttelte lächelnd den Kopf, legte seiner Schwester die Hand auf den Arm und erwiderte: »Hey,
ganz ruhig, ich kann dich ja gut verstehen! Auch deinen
Frust, und ich weiß nur zu gut, wie naheliegend es ist, zu
glauben: ›Wenn dies und jenes anders wäre, ginge es mir
besser‹. Wenn ich schlanker wäre, es mit John anders liefe,
Alex besser spuren würde, ich im Job befördert worden
wäre und und und – ja, und sicher ginge es dir dann auch
ein wenig besser, oder anders ausgedrückt, es gäbe nicht so

viele Dinge, die du als Problem ansehen könntest. Doch verzeih, wenn ich das so nüchtern sage: Es ist im Moment einfach so, wie es ist, und die einzige Frage, die sich stellt, ist die, wie du damit am besten klarkommst. Es gibt im Leben immer zwei ›Stellschrauben‹, an denen du drehen kannst: Die eine ist außen, die andere ist innen. Du kannst versuchen, in deinem Umfeld etwas zu verändern, was bei Menschen allerdings nicht ganz so einfach ist wie bei der Wohnungseinrichtung, oder du kannst deine Einstellung verändern, deine Sichtweise der Dinge, und Letzteres ist oft viel wirkungsvoller … und oft verändern sich danach auch viele Dinge im Außen. Und genau das habe ich vorhin bildhaft mit ›Sumpf‹ und ›Sich-am-eigenen-Schopf-Hinausziehen‹ gemeint.

Deine negativen Gefühle und Gedanken bilden den Sumpf. Und durch die Veränderung deiner Einstellung kann es dir gelingen, anders mit den Dingen umzugehen, die dich jetzt belasten, um dann auch eine Lösung zu finden … Und das kannst du nur selber! Niemand anderer kann das für dich tun. Du kannst lernen, die Dinge anders zu sehen und dich damit gewissermaßen, wie einst der legendäre Baron Münchhausen, am eigenen Schopf aus dem Sumpf deiner Verstrickungen zu ziehen – was physikalisch nicht machbar ist, ist psychologisch nicht nur möglich, sondern eigentlich die einzig erwachsene Form, mit Schwierigkeiten umzugehen. Statt, wie so viele, ständig nur zu jammern und zu hoffen, dass andere kommen, um für einen selbst die Probleme zu lösen. Kennst du den Jammersumpf?« – Jetzt musste auch Marina herzhaft lachen. Ja, und wie sie den kannte.

Kleine Psychologie des Sumpfes

Was ist denn nun eigentlich mit »Sumpf« gemeint? Der innere Sumpf ist hier natürlich nur eine Metapher, ein sprachliches Bild für negative Gefühle und Emotionen, für innere Verstrickungen und Fehlvorstellungen, die bei jedem Menschen immer wieder auftauchen und die häufig einem erfüllten und zufriedenen Leben im Weg stehen. Diese Sumpfgefühle können sich äußern als Ärger, Zorn oder Wut, als Frust, Traurigkeit oder Schmerz, als Ohnmacht, Hilflosigkeit oder Mutlosigkeit, bis hin zu Hoffnungslosigkeit, Verzweiflung, Resignation oder Depression, manchmal münden sie auch in Hysterie oder Panik. Wir alle kennen diese Zustände, diese Momente, wenn wir von solchen Gefühlen und Emotionen ergriffen und von ihnen getrieben und gelenkt werden, und wir den Eindruck haben, sie nicht loswerden zu können, so gern wir es auch wollen. Wir stecken bildlich gesprochen im Sumpf. Oft sind es nur Kurzzeit-Sumpfgefühle, die vorübergehen und sich meist recht bald wieder auflösen, manchmal können diese Zustände aber auch länger anhalten und sich zur Grundstimmung eines Menschen entwickeln. Dann kann es immer schwieriger werden, wieder aus dem Sumpf herauszukommen, zumindest sich noch alleine am eigenen Schopf aus dem Sumpf zu ziehen. Im Extremfall, also bei besonders tiefen und bedrohlichen Sümpfen, kann es dann tatsächlich so sein, dass einem das Hinausziehen am eigenen Schopf nicht mehr gelingt und man auf die Hilfe anderer angewiesen ist. Dann mag es angebracht sein, den Sumpfrettungsdienst herbeizurufen, meist sumpfkundige Pfadfinder, auch Therapeuten genannt (hierzu mehr auf den Seiten 196 f.). Doch in den meisten Fällen, und darum soll es in diesem Buch hauptsächlich gehen, kann es einem gelingen, sich mit eigener Kraft aus dem Sumpf zu befreien, zumindest aus den alltäglichen Verstrickungen. Davon abgesehen (das wird oft vergessen): Auch der Sumpfrettungsdienst zieht einen nicht selbst heraus, sondern hilft einem nur, sich *richtig* am Schopf zu fassen, um sich selber zu befreien. Denn diesen Prozess kann einem nun mal niemand abnehmen, jeder muss es selbst schaffen, immer wieder! Und daher gilt: Je früher Sie es lernen, umso schneller und leichter wird es Ihnen gelingen, umso mehr werden Sie im Leben auch die Angst vor den verschiedenen Sümpfen verlieren. Und umso seltener werden Sie vermutlich auch hineingeraten. Vielleicht hätten wir dies schon als Kinder lernen können, leider fehlte aber in der Schule neben all der Mathematik, Chemie und Biologie das im Alltagsleben viel wichtigere Fach: Sumpfologie. Nun, Sie jedenfalls sind gerade dabei, sich das damals versäumte Wissen mit diesem Buch anzueignen. Und dafür ist es nie zu spät!

Die Sumpfgenese

Wie entsteht denn nun der Sumpf und wie gerät man hinein? Die meisten Menschen glauben, dass bestimmte äußere Ereignisse schuld daran seien. Natürlich können Misserfolge, Unfälle, Trennungen und Krankheiten solche Anlässe sein, die einen innerlich völlig aus dem Gleichgewicht bringen und tief in den Sumpf der negativen Emotionen hineinschicken. Doch diese äußeren Anlässe sind nicht die eigentlichen Ursachen der Sumpfstimmung. Meistens kreieren wir uns unseren Sumpf nämlich selbst. Der Sumpf ist, anders ausgedrückt, nicht die notwendige REAKTION auf bestimmte Ereignisse, sondern unsere KREATION, aufgrund unserer eigenen negativen Muster und Sichtweisen.

Allein wenn man das erkennt, eröffnet sich einem ein viel größerer Handlungsspielraum. Man kann das Steuer wieder in die Hand nehmen und übernimmt die Verantwortung für die Art, wie man mit den »Widrigkeiten« des Lebens umgeht. Dann liegt es an uns, welche Einstellung wir wählen (= kreieren), statt nur automatisch (blind) zu reagieren. Interessanterweise bestehen beide Wörter aus den gleichen Buchstaben, nur die Position des K verschiebt sich aus der Mitte an den Anfang.

Und wenn ich erkenne, dass ich mir den Sumpf weitgehend selber kreiert habe (wie das genau geschieht, dazu in Kürze), dann kann ich mich auch schneller am Schopf fassen und hinausziehen.

Nun mag das zunächst mal gar nicht so angenehm sein, wenn man erkennt:»Ich kreiere mir meine schlechte Laune und meinen Ärger selber! Nicht das Ereignis oder das Verhalten eines anderen Menschen ist schuld, sondern es liegt alleine daran, wie ich jetzt damit umgehe. Und wenn ich mich ärgere, so habe ich eben beschlossen, mich zu ärgern! Dann ist das meine Wahl, aber niemand zwingt mich dazu, ja noch klarer, niemand kann mich dazu zwingen, niemand auf der Welt! Es liegt ganz allein in meiner Macht, in meiner Verantwortung.« Wenn ich mich also ärgere, dann habe ich allenfalls den im Nervensystem verankerten Automatismen erlaubt, sich wieder einmal auszutoben. Kurz bevor diese Mechanismen greifen, habe ich aber noch die Wahl, mir eine andere Sicht zu kreieren und dann entsprechend zu reagieren. Das mag schwer sein (wie es genau geht, wird noch im Einzelnen dargestellt), aber das ist eine Meisterschaft, die einen davon abhalten kann, überhaupt erst im Sumpf zu landen. Es ist die Sumpfvermeidungs-Meisterschaft, gewissermaßen ein »präventives Sich-am-Schopf-aus-dem-Sumpf-Ziehen«. Man wird dabei emotional nicht mal schmutzig und nass, die Gemütslage bleibt ungetrübt.

So kann es beispielsweise sein, dass jemand, nennen wir ihn mal Mr. X, eines schönen Abends gut gestimmt mit seiner Angebeteten in einem Restaurant Platz nimmt, aber der Kellner nicht innerhalb einer für Mr. X angemessenen Zeit kommt, um nach den Wünschen zu fragen. Als er schließlich auftaucht, ist Mr. X möglicherweise schon verstimmt, denn er hat generell ein Problem damit, wenn er in einem Lokal nicht rechtzeitig und angemessen bedient wird. Muss er dann auch noch lange auf die bestellten Getränke warten, kann es sein, dass er sich aufregt, dem Ober eine Szene macht und wutentbrannt das »miserable« Lokal verlässt, gefolgt von seiner völlig verblüfften Begleitung. Möglicherweise gerät er auch noch mit ihr in einen Streit, weil sie gewagt hat, sein Verhalten etwas »übertrieben« zu finden oder gar noch den »armen« Kellner in Schutz zu nehmen – und der Abend ist ruiniert. Er steckt mitten im Sumpf. Schuld – so Mr. Xs tiefste Überzeugung – ist allein der »idiotische« Kellner. Er selbst dagegen ist ein – sogar von seiner Angebeteten – unverstandenes »Opfer« der äußeren Umstände. Daher auch das Gefühl, keinesfalls schuld zu sein. Seinem besten Freund wird er die ganze Sache vielleicht am nächsten Tag entsprechend berichten, also sein »Opferlied« singen. Und wenn der Freund ihn »nur allzu gut versteht« und ihn bestätigt, wird er sich als Opfer äußerer Umstände tief im Sumpf der Ungerechtigkeit der Welt fühlen.

Interessanterweise aber hat diese Welt mit all dem herzlich wenig zu tun. Und es hätte auch sein können, dass Mr. X trotz seines alten Musters ganz anders reagiert beziehungsweise eine andere Sichtweise kreiert hätte: Wenn Mr. X wach ist, könnte er erkennen, was gerade geschieht, und wahrnehmen, dass es wieder mal sein uraltes Ärger-Muster ist, das sich gerade austoben will. Er könnte sofort die Strategie und sein Verhalten ändern. Vielleicht schafft er es ja sogar, darüber zu lächeln und gelassen zur Kenntnis zu nehmen, dass der Ober ihn anscheinend noch nicht bemerkt hat oder sich mit einem Kollegen gut unterhält, und macht mit ruhigem Ton auf sich aufmerksam. Er kreiert sich eine andere Sichtweise und schafft es damit, den Kellner einfach freundlich zu bitten, etwas bestellen zu können. Er gerät also gar nicht erst in den Sumpf ... oder »kratzt« gerade noch kurz vor dem Sumpf die innere Kurve.

Fazit: Die meisten unserer Sümpfe sind eigene Kreationen. Allerdings gibt es auch Sümpfe, in die man in der Herde »hineingetrieben« wird oder in die man sogar regelrecht »hineinerzogen« wird. Denn: Moorhühner ziehen Moorhühner heran und Sumpfhühner eben Sumpfhühner. Und wenn alle anderen auch im Sumpf leben, kann's ja wohl nicht so schlimm sein, dann ist es auch nicht so unangenehm ... oder, noch viel verhängnisvoller: Man nimmt den Sumpf gar nicht mehr als solchen wahr. Man hat sich an den Sumpf gewöhnt, und selbst wenn er immer tiefer und zäher wird, merkt man es gar nicht mehr. Wie in der Geschichte von dem Frosch in der Pfanne. Würde man einen Frosch in eine Pfanne mit heißem Wasser werfen: Er würde sofort wieder herausspringen. Wenn man den Frosch jedoch in eine Pfanne mit kaltem Wasser setzt und dieses dann langsam erhitzt, bis es kocht, so würde der Frosch tragischerweise die zunehmende Temperaturveränderung nicht merken, sich daran gewöhnen und schließlich ums Leben kommen. So geht es uns Menschen mit schleichenden, langsamen Veränderungsprozessen. Wir nehmen sie gar nicht mehr wahr ... und so gibt es eben auch Sümpfe, an die wir uns mehr und mehr gewöhnt, ja sogar solche, in denen wir es uns gemütlich eingerichtet haben.

Manche, die schon länger in einem Sumpf leben, wollen sogar drinbleiben. »Nie ohne meinen Sumpf«, scheint die Devise, als könnte der Verlust des Sumpfes zu einem Identitätsverlust führen. Denn wer aus dem Sumpf steigt, ist in manchen Fällen nackt und friert und will deshalb schnell wieder hinein. So betrachtet bekommt auch der bekannte Ausspruch »Na, auch wieder mal versumpft?« eine ganz andere Bedeutung. Wer in der Jugend mal im Nachtleben versumpft ist, hatte wohl am nächsten Tag einen unangenehmen Kater, ist aber doch mit ein paar unschönen Begleiterscheinungen wieder in der Realität aufgewacht. Im hier dargestellten Zusammenhang ist der »Psychosumpf« der reale Alltag – und der Kater bleibt (tragischerweise) aus! Ab und an mag es wohl mal eine Art »Teilzeitkater« geben, als vorübergehende »Mini-Erleuchtung«, doch schon bald ist man wieder im gewohnten Sumpf – versumpft. In diesem Sinne mag es sogar ein positives Signal sein, wenn sich bei der Lektüre dieses Buches bisweilen »Sumpf-Katergefühle« einstellen. Nun lautet die Frage: Was tun gegen den Sumpf? Generell kann man wohl feststellen: Es ist anscheinend unmöglich, den ganzen Sumpf endgültig trockenzulegen. Denn selbst an Teilgebieten sind Psychologen und wohlmeinende Weltverbesserer gescheitert, und alle Ideologen, Demagogen und Diktatoren haben es nur noch schlimmer gemacht. Durch Letztere sind oft noch gefährlichere Sümpfe entstanden, die Sümpfe der Wahn- und Fehlvorstellungen, die Ideologien und fundamentalistische Überzeugungen mit sich bringen (dazu mehr auf der Seite 38). Nicht wenige verheißen das sumpffreie Leben und kreieren mit dieser Illusion einen neuen ideologischen Sumpf. Wahrscheinlich ist der »sumpffreie Mensch« auch gar nicht erstrebenswert; er wäre möglicherweise sogar bedrohlich ... bedenkenlos ... gnadenlos ... letztlich sogar bedauernswert. Denn: Ein Quantum Sumpf gehört wohl zum Leben – es ist nur eine Frage der Größe, Tiefe und Häufigkeit, mit der er einen erfasst. – Die Lösung ist also: Inseln im Sumpf zu schaffen und Strategien zu lernen, sich immer wieder am eigenen Schopf herauszuziehen oder gar zu lernen, überhaupt nicht so oft hineinzugeraten.

Und schließlich gibt es ja noch den Sumpfrettungsdienst, all die Trainer, Seminarleiter, Coaches und Therapeuten, die sich hauptberuflich der Aufgabe verschrieben haben, versumpften Menschen wieder auf trockene Beine zu helfen. Allerdings ist auch bei ihnen Vorsicht geboten. Schlechte Rettungsdienste versprechen Allheilmittel, verkaufen Patentrezepte und schaffen oft neue Abhängigkeiten. Manche von ihnen entwickeln sich zu regelrechten Sumpfpriestern. Die Integren dagegen zeigen lediglich, wie man sich selber am eigenen Schopf aus dem Sumpf ziehen kann. Sie haben in der Regel langjährige eigene Sumpferfahrung und haben selber wiederholt lernen müssen, sich am Schopf zu packen, sonst könnten sie anderen dabei ja auch nicht helfen (weitere Details zum Sumpfrettungsdienst auch auf den Seiten 196 f.).

Sumpf ist nicht gleich Sumpf:
Die verschiedenen Sumpfarten

Bisher wurde meist generell vom »Sumpf« gesprochen. Doch um sich darin zurechtzufinden und zu wissen, wie man sich daraus befreit, kann es hilfreich sein, die verschiedenen Arten innerer Sümpfe kennenzulernen und zu erforschen. Schon erwähnt wurde, dass manche emotionalen Sümpfe nur vorübergehend auftreten und schon nach kurzer Zeit wieder verschwunden sind (wie beispielsweise die schlechte Morgenlaune oder der Ärger über eine Zugverspätung), andere dagegen sind längerfristiger Natur, ja manchmal sind sie sogar chronisch (wie eine Grundunzufriedenheit im Leben oder eine Depression). Je nach »Beschaffenheit« lassen sich offensichtliche Sümpfe von den eher unscheinbaren unterscheiden, die man im Alltag kaum als solche wahrnimmt, da man sich oft schon so an sie gewöhnt hat.

Offensichtliche Sümpfe	Unscheinbare Sümpfe
o Der Problem- und Sorgensumpf	o Der Leistungs- und Überforderungssumpf
o Der Opfersumpf	
o Der Ärgersumpf	o Der Anspruchs- und Unzufriedenheitssumpf
o Der Beschwerdesumpf	
o Der Misserfolgs- und Unwertsumpf	o Der Geld = Glück-Sumpf
	o Der Sicherheitssumpf
o Der Ausweglosigkeits- und Sinnlosigkeitssumpf	o Der Medien- und Informationssumpf
o Der Kommunikationssumpf	o Der Erreichbarkeitssumpf
	o Der Abhängigkeitssumpf

Gefährliche Sümpfe: Ideologien, Fanatismus, Fundamentalismus usw.

Der Problem- und Sorgensumpf

Sie haben keine Probleme? Das kann doch gar nicht sein! Allein schon, dass Sie dieses Buch gekauft haben, beweist doch, dass Sie mindestens ein Problem haben. Es sei denn, Sie haben es für Ihre Schwiegermutter oder Ihre beste Freundin gekauft, der Sie endlich helfen wollen, ihre Probleme zu lösen. Oder? Nein, ich vermute ganz im Stillen, Sie haben doch ein Problem oder mehrere – und ehrlich gesagt, ich habe auch eines ... an manchen Tagen sogar zwei. Und manchmal geht es mir wie Wolfgang Hildesheimer in seinen »Mitteilungen an Max über den Stand der Dinge«. Da schreibt er mit viel Augenzwinkern und Humor:

»Dabei fällt mir ein: Ich habe auch ein Problem. Wie es auf mich kam, weiß ich nicht, wahrscheinlich hat es sich allmählich gebildet, oder jemand hat es, während ich schlief, auf mich abgewälzt – ich weiß wenig über Herkunft, Genese und Zusammensetzung von Problemen, jedenfalls ist es schon länger her. Wie auch immer: Mein Problem ist inzwischen ziemlich groß geworden, ja, überlebensgroß (als ob das Leben nicht schon groß genug und das Überleben überhaupt noch zu bewältigen wäre!). Es handelt sich, wie Du Dir vorstellen kannst, um ein echtes Problem: Mit Minderem würde ich mich niemals abgeben. Es ist ein ziemlich kompliziertes Problem, und meine Freunde, oder zumindest die wohlmeinenden unter ihnen, raten mir, es zu lösen. Aber dazu kann ich mich nicht recht entschließen, ich habe mich an es gewöhnt. Manchmal frage ich mich: Was wäre ich ohne mein Problem, bleibe mir freilich die Antwort schuldig. Gewiss aber wäre ich nicht derselbe, womit ich nicht etwa sagen möchte, dass ich darauf bestehe, immer derselbe zu sein. Wenn Dich mein Problem interessiert, lieber Max, was ich jedoch für wenig wahrscheinlich halte, kann ich es Dir gern einmal leihweise überlassen. Oder hast Du etwa ein eigenes? Dann möchte ich Dich natürlich nicht zusätzlich belasten, denn ich

weiß, wie anstrengend und zeitraubend und enervierend so ein rechten Problem sein kann. *Zudem glaube ich, aber da mag ich mich irren, dass Probleme so schwer übertragbar sind wie Identitätskarten, Identitätskrisen oder hermetische Texte oder Schwangerschaften oder Komplexe, Neurosen, Psychosen und Skabiosen, wobei ich bei dem letzteren nicht sicher bin, ob es sich um eine psychische Störung, ein Hautleiden oder einen Käfer handelt, in welch letzterem Falle sie natürlich doch übertragbar wären, aber das ist in diesem Fall natürlich gleichgültig. Ich bin sicher, Du verstehst, was ich meine.«*[1]

Und ich hoffe, dass auch Sie verstehen, was ich meine. Ich will ernste Probleme keineswegs verharmlosen, sondern lediglich zeigen, dass unsere Psyche oft eine Neigung hat, sich immer wieder auf die Suche nach einem Problem zu machen oder sich manche Probleme auch selber zu kreieren oder kleine Probleme aufzubauschen. Dieser Prozess wird vom bekannten Psychologen Paul Watzlawick in seiner »Geschichte mit dem Hammer« besonders humorvoll veranschaulicht:

»Ein Mann will ein Bild aufhängen. Den Nagel hat er, nicht aber den Hammer. Der Nachbar hat einen. Also beschließt unser Mann, hinüberzugehen und ihn auszuborgen. Doch da kommen ihm Zweifel: Was, wenn der Nachbar mir den Hammer nicht leihen will? Gestern schon grüßte er mich nur so flüchtig. Vielleicht war er in Eile. Aber vielleicht war die Eile nur vorgeschützt, und er hat etwas gegen mich. Und was? Ich habe ihm nichts angetan; der bildet sich da etwas ein. Wenn jemand von mir ein Werkzeug borgen wollte, ICH gäbe es ihm sofort. Und warum er nicht? Wie kann man einem Mitmenschen einen so einfachen Gefallen abschlagen? Leute wie dieser Kerl vergiften einem das Leben. Und dann bildet er sich noch ein, ich sei auf ihn angewiesen. Bloß weil er einen Hammer hat. Jetzt reicht's mir wirklich. – Und so stürmt er hinüber, läutet, der Nachbar öffnet, doch noch bevor er ›Guten Tag‹ sagen

kann, schreit ihn unser Mann an: ›Behalten Sie Ihren Hammer, Sie
Rüpel!‹«[2]

Viele Psychologen sind in der Tat der Ansicht, unser Ego
sei ständig auf der Suche nach einem komplexen persönlichen
Problem, weil es sich daran gewissermaßen festhalten
könne. Daher ist für etliche Menschen ein Großteil ihrer
Selbstwahrnehmung so eng mit ihren Problemen verbunden.
Und manche wollen auch keinesfalls davon befreit
werden.»Was wäre ich ohne meine Probleme?« ist dann
nur eine Variante von der schon dargestellten Einstellung:
»Was wäre ich ohne meinen Sumpf?« – Daher muss es einen
auch nicht mehr verwundern, dass manche Leute ein
erstaunliches Interesse zu haben scheinen, ihre Probleme, so
leidvoll und schmerzhaft diese auch sein mögen, aufrecht-
zuerhalten, denn sonst würden sie ja ihre Berechtigung verlieren, als Opfer jammern zu dürfen. Und damit gelangen
wir zum nächsten Sumpf.

Der Opfersumpf

»Marie, du ahnst ja gar nicht, was mir wieder passiert ist. Es
ist einfach nicht zu fassen, wie ungerecht und gemein die
Welt doch ist. Pass auf!« Es folgte, wie so oft, eine wohl drei-
viertelstündige Litanei über das Unrecht und die bodenlo-
sen Gemeinheiten, die Anita widerfahren waren, und an
denen sie (so wie sie es sah) natürlich mal wieder keinerlei
Schuld trug. Ja, abgesehen von der sowieso schon fast aus-
weglosen Lage, in der sie sich ihrer Auffassung nach befand,
nachdem ihr Partner sie verlassen hatte, sie sich alleine um
die Erziehung ihrer drei oft flegelhaften und letztlich immer
nur fordernden und undankbaren Kinder kümmern musste,
sie sich finanziell nahezu am Abgrund bewegte, von all dem

mal abgesehen hatte ihr Auto beim Einparken nun auch noch eine Delle »erlitten«, ihre Mutter hatte ihr Vorwürfe gemacht, weil sie die Küche in der falschen Farbe gestrichen hatte, nachts könne sie nicht mehr schlafen, weil Konrads Versetzung gefährdet war, und heute Morgen sei sie beim TÜV dermaßen unverschämt abgefertigt worden ...»Ich weiß eigentlich nicht, womit ich das verdient habe. Ich gebe mein Bestes, verzichte auf alles, opfere mich ständig auf ... und dann immer wieder das! Ich kann es nicht verstehen, und ich bin es so leid! Warum kann es mir nicht endlich mal im Leben etwas besser gehen, warum kann ich nicht endlich mal glücklich sein?«, schluchzte sie. Das Tragische dabei war: Sie sah und empfand es auch so, und damit war sie hoffnungslos gefangen im Opfersumpf – einem der gefährlichsten und verbreitetsten Sümpfe in unserem Kulturkreis.

Manchmal ist es wirklich kaum zu glauben: Da gibt es jemanden, der gesund ist, gut ausschaut, nette Kinder hat, einen liebevollen Partner, berufliche Erfolge, in einem schicken Haus in einer begehrten Wohnlage lebt, von Freunden umgeben ist, immer wieder kulturelle Unternehmungen und Reisen machen kann – und dennoch ständig jammert und letztlich kreuzunglücklich ist. Kommt Ihnen das bekannt vor? Kennen Sie auch solche Menschen? Die Praxen der Therapeuten sind voll davon. Und das Verhängnisvolle ist, dass es diesen Menschen meistens nicht bewusst ist. Und wenn man sie damit konfrontiert – was allerdings viele nicht wagen –, stößt man meist auf völliges Unverständnis und wird gleichzeitig zum Täter, der dem Opfer Unrecht tut und in Ungnade fällt. Denn das, was das Opfer natürlich erwartet, ist uneingeschränktes Verständnis und Solidarität, die Bestätigung der eigenen Ansicht und ein möglichst gleichklingendes Einstimmen in den Gesang der Opferlieder.

Was geschieht da unbewusst? Der psychologische Mechanismus, der dabei abläuft, kann in folgende Phasen zerlegt werden, die allerdings fast nahtlos ineinander übergehen (siehe dazu die Grafik auf Seite 24). Ausgangspunkt ist etwas, das schiefgelaufen ist, also eine missliche Situation: ein gescheitertes Gespräch, ein abgelehntes Projekt, Kinder, die nicht gehorchen, ein Stau, in den man geraten ist, Geld, das man an der Börse verloren, oder die Börse, die man verloren hat, der Partner, der einen verlassen hat, die nicht bestandene Prüfung oder sonst irgendein »Unrecht«, das einem widerfahren ist. Hierfür wird nun sofort ein Schuldiger gesucht und in der Regel auch gleich gefunden. Ein Sündenbock gewissermaßen, um jegliche Schuldgefühle im Keim zu ersticken, einen möglichen Eigenbeitrag nicht zu erkennen, ein schlechtes Gewissen zu verhindern. Und es ist erstaunlich, was hierfür alles in Betracht kommen kann. Oft sind es andere Menschen, manchmal werden aber auch das Wetter, ein Datum, der nun mal unveränderbare Grundcharakter, die Sternenkonstellation oder sonstige anonyme Kräfte an den Pranger gestellt. Das kann dann etwa wie folgt klingen:

- o »Mit diesem Schuft kann man eben unmöglich klarkommen.«
- o »Bei dem miserablen Wetter ist es einfach nicht möglich ...«
- o »Freitag, der 13., da muss ja alles schieflaufen!«
- o »Ich kann nun mal nichts für meine Veranlagung.«
- o »Die Sterne standen eben völlig ungünstig.«
- o »Das Schicksal wollte es nicht anders.«
- o »Die Finanzkrise hat mich um mein Geld gebracht.«
- o »Bei diesem Prüfer kann man einfach keine guten Noten bekommen.«

o »Wie soll man in diesem System überhaupt Gerechtigkeit erfahren?«

o »Glück und Zufriedenheit sind in der heutigen Zeit einfach nicht mehr zu erleben.«

Schon mal gehört? – Jegliche (Mit-)Verantwortung wird damit abgegeben, und der Betroffene verwandelt sich in ein (scheinbar willenloses) Opfer, das nun, wie einstmals Pontius Pilatus, seine Hände in Unschuld waschen kann. Oft klingen die von den Opfern vorgebrachten Gründe in der Tat so überzeugend, dass bei den meisten Zuhörern der Eindruck entsteht, es sei nun wahrlich alles eine Frage des Schicksals. Und meist stoßen diese betörenden Opferlieder auch noch auf verständnisvolle, mitfühlende Ohren. »Wer jammert, hat immer Kollegen – er ist nie alleine«, schreibt Reinhard K. Sprenger, und so werden die anderen – ohne es

Etwas gelingt einem nicht

Ein Schuldiger wird gesucht (konkret oder abstrakt), auf ihn wird die Verantwortung abgewälzt

Der Fehler wird sich wiederholen

Der nunmehr »Unschuldige« kann eine Opferhaltung einnehmen

Dadurch werden Eigenbeitrag und Fehler nicht gesehen, es kann nicht gelernt werden

Meist findet er verständnisvolle Zuhörer, die Absolution erteilen

Der verhängnisvolle Opferkreislauf

zu merken – zu Sumpf-Kollaborateuren, indem sie mit ihrem »Ach-ich-kann-dich-ja-so-gut-Verstehen« die Absolution erteilen ... und damit verhindern, dass das Opfer in seinem Sumpf aufwacht. Das ist Teil des großen Opferspiels, bei
dem man sich und den anderen in die Tasche lügt. Es ist weit
verbreitet und wird seit Generationen gespielt, sodass es einem gar nicht mehr auffällt. Die Opferlieder werden so häufig und überall gesungen, dass sie viele am Ende sogar selber
glauben. Und, wie schon gesagt, das Verhängnisvolle ist,
dass dieser Prozess unbewusst abläuft und man weder den
Eigenbeitrag erkennt noch den Mechanismus, die Verantwortung abzuwälzen. Und so wird sich das Dilemma zwangs-
läufig wiederholen, man wird den gleichen Fehler wieder
und wieder machen und jedes Mal als unschuldiges Opfer
anderen etwas vorjammern, ohne endlich aufzuwachen.

Der Ärgersumpf

Sie erinnern sich noch an Mr. X, der Mann, der mit den Kell-
nern dieser Welt Probleme hatte? Er war unser Prototyp für
den Weg in den Sumpf, konkret: den Ärgersumpf. Am Ende
war er so gefangen darin, dass es aussah, als hätte er gar
keine andere Wahl. Das waren nun mal Situationen, in denen man sich berechtigterweise ärgern musste – oder?

Es muss nicht immer der Kellner sein. Was für den einen
der lahme Service im Restaurant oder am Bahnschalter ist,
erlebt der andere am Steuer, wenn wieder mal so ein »Idiot«
vor ihm zu langsam oder hinter ihm lichthupend zu dicht
auffährt. Ein anderer geht dagegen »auf die Palme«, wenn
jemand eine Verabredung nicht pünktlich einhält, das ärgert
ihn maßlos, manch einer ist dann auch »zutiefst verletzt« –
und lässt das seine Umwelt angemessen spüren. Und eine

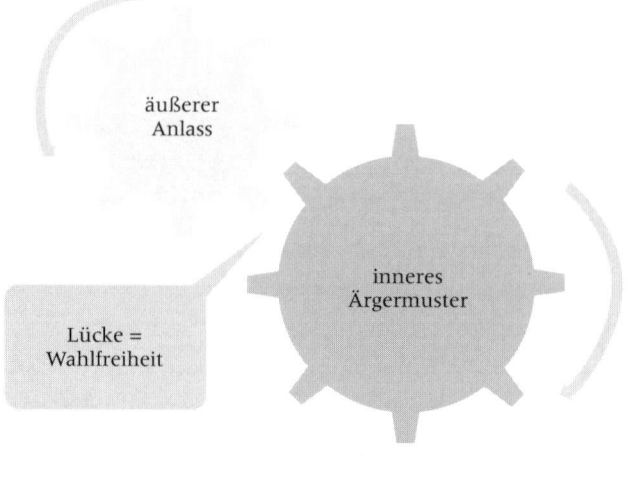

äußerer
Anlass

inneres
Ärgermuster

Lücke =
Wahlfreiheit

Arbeitskollegin flippt immer mal wieder über diese »Deppen« beim Mobilfunkbetreiber aus oder die Borniertheit des Paketdienstes. Und Sie, was bringt Sie immer wieder aus der Fassung, worüber müssen Sie sich immer wieder (berechtigterweise) ärgern? Oder kennen Sie diesen Sumpf nicht? Glückwunsch, dann können Sie dieses Kapitel überspringen. Aber vielleicht kennen Sie Menschen in Ihrem Umfeld, denen es so ergeht? Dann könnte es Sie vielleicht doch interessieren, was bei denen so abläuft.

Nun, was passiert denn da, wenn jemand immer wieder im Ärgersumpf landet? Genau genommen ist der Sumpf nur der Automatismus, der innerlich abläuft, und die völlige Überzeugung, man *müsse* sich ärgern, man könne gar nicht anders. Dass man die Situation auch ganz anders sehen und bewerten kann, und jedes Mal die völlige Wahlfreiheit hat, wie man auf sie reagieren kann (Näheres dazu finden Sie auf den Seiten 73 ff.), ist dem Ärgersumpf-Opfer meist überhaupt nicht bewusst. Das Ineinandergreifen von äußerem Anlass und innerem (altem) Ärgermuster geht so automatisch wie bei zwei Zahnrädern. Die Lücke, die kurzzeitig zwischen den beiden Rädchen entsteht und die den Raum der Wahlfreiheit darstellt, wird überhaupt nicht mehr wahrgenommen.

Solange jemand glaubt, er müsse sich berechtigterweise ärgern, man könne da doch gar nicht anders reagieren, wird er tief im Ärgersumpf stecken bleiben oder immer wieder an der gleichen Stelle hineingeraten. Ehrlicherweise müsste man ja sonst sagen: »Als XY geschehen ist, habe ich *beschlossen*, mich darüber zu ärgern, und dann habe ich mich auch richtig geärgert.« Nicht umsonst heißt es ja: »Ich habe mich geärgert.« Der Ärgersumpf lässt also auch sprachlich grüßen.

Nicht selten führt der Ärgersumpf in einen ihm wesensverwandten Sumpf:

Der Beschwerdesumpf

Vor vielen Jahren hatte auf einer gemeinsamen Reise ein guter Freund von mir den Mut zu einem offenen Wort: »Fällt dir eigentlich auf«, sagte er, »dass du dich am laufenden Band über die verschiedensten Dinge beschwerst? Das schlägt sich langsam auch mir auf die Stimmung. Vielleicht bräuchtest du auch nicht dauernd deine Magentropfen zu schlucken, wenn du dich weniger über Kleinigkeiten empören würdest! Deine Beschwerden kommen von deinen vielen Beschwerden!« Ich war zunächst ziemlich betroffen, musste dann aber einsehen, dass er recht hatte: Wenn eine Bestellung missverstanden worden war, beschwerte ich mich, wenn im Hotelzimmer etwas nicht funktionierte, wenn im Speisewagen trotz der Handy-Verbotsschilder telefoniert wurde oder wenn im Supermarkt trotz hohen Andrangs keine weitere Kasse geöffnet wurde, beschwerte ich mich. Ich beschwerte mich auch über rücksichtslose Skifahrer, über idiotische Öffnungszeiten und über die Sturheit bürokratischer Beamter. Ich lebte in einem dauerhaften Beschwerdesumpf. Dabei war ich tatsächlich davon überzeugt, im Recht zu sein, und hielt meine Beschwerden für das einzig hilfreiche Mittel, um gegen das Unrecht anzugehen, das mir widerfuhr. Mir war gar nicht bewusst, dass ich mit meinen vermeintlich berechtigten und empörten Zurechtweisungen nicht nur andere Menschen vor den Kopf stieß, sondern auch meinen Freund und mich selber belastete. Im wahrsten Sinne des Wortes erkannte ich: »Wenn ich mich beschwere, beschwere ich mich!« Ich machte es mir tatsächlich selber schwer.

»Wer fordert und anklagt, dem wird eng ums Herz«, sagt die Kardiologin und systemische Therapeutin Dr. Ilse Kutschera. Das soll nun keineswegs bedeuten, dass wir alle Widrigkeiten und Unstimmigkeiten einfach schlucken müssten – das schlüge uns genauso auf den Magen und auf unsere innere Gemütslage. Entscheidend ist aber, mit welcher Haltung wir die Sache angehen: Beschwerden sind in der Regel verbunden mit einem Unrechtsvorwurf und Besserwisserei nach dem Motto: »Das ist so nicht in Ordnung! Ich weiß, wie es richtig sein sollte!« Und solange wir davon überzeugt sind, werden wir auch keine Chance haben, den Beschwerdesumpf zu verlassen. Ganz anderer Art dagegen, aber nicht minder verhängnisvoll ist …

Der Misserfolgs- und Unwertsumpf

Manchmal können uns Niederlagen, schlechte Noten, nicht bestandene Prüfungen oder sonstige Misserfolge im Leben so treffen, dass wir in einem Sumpf von Selbstzweifeln und Unwertgefühlen zu versinken scheinen. Meist löst auch noch der gerade erlittene Misserfolg die Erinnerung an viele in der Vergangenheit aus, sodass man sich über den konkreten Anlass hinaus als Versager empfindet und das Gefühl hat, »einfach gar nichts im Leben richtig auf die Reihe zu bringen«. Dass Niederlagen, wenn sie richtig verarbeitet werden und man aus ihnen lernt, in der Regel »zum Trampolin für die nächsten Erfolge« werden können, ist einem in solchen Momenten meist nicht bewusst und oft auch nur ein schwacher Trost. Ebenso wenig, dass es viele andere Menschen gibt, denen es ähnlich geht oder ergangen ist, denn meistens sieht man aus dem Misserfolgs-Sumpf nur die, die am Ufer des Erfolges stehen, selten die, die unweit von einem auch im Schlamm stecken.

Ja, er gehört nun mal anscheinend dazu, und jeder landet früher oder später mal in ihm. Wichtig ist nur zu lernen, Niederlagen zu akzeptieren und auch mal Momente des eigenen Unwertgefühls auszuhalten (es macht uns oft menschlicher und gnädiger gegenüber Misserfolgen von anderen), um dann aber möglichst bald diesen Sumpf wieder zu verlassen. Wie, das erfahren Sie im zweiten Teil des Buches.

Dieser Sumpf ist allerdings noch relativ harmlos im Verhältnis zum nächsten:

Der Ausweglosigkeits- und Sinnlosigkeitssumpf

Manchmal kann im Leben so viel an Schwierigkeiten, Missgeschicken, Sorgen und Fehlschlägen zusammenkommen, dass das Gefühl in einem entsteht, keinen Ausweg mehr zu haben. Alles erscheint einem mehr oder weniger sinnlos. Hier vermengen und verdichten sich gewissermaßen die Eigenschaften der Problem- und Sorgensümpfe mit denen der Misserfolgs- und Unwertsümpfe und nicht selten auch noch denen des Opfersumpfes. Und tatsächlich gehören solche Zeiten wohl zu den schwersten, die man im Leben durchmachen kann. Selbst wenn tatsächlich alles nicht so schlimm ist, selbst wenn vieles noch Sinn machen würde, solange man dies nicht sieht und im Sumpf der Ausweglosigkeit und Sinnlosigkeit steckt, wird man alles nur noch durch die negative Brille betrachten, die besten Ratschläge und Hilfsangebote in den Wind schlagen, und der Schritt zur Depression ist nicht mehr weit. Dass solche Phasen wohl zu jedem Leben dazugehören und fast jeder einmal solche Erfahrungen durchmacht, ja, dass solche Zeiten zum inneren Reifungsprozess dazugehören, scheint nur ein geringer Trost. Aus solchen Sümpfen ist es manchmal sehr schwer, sich alleine am Schopf herauszuziehen, hier mag es helfen, den Sumpfrettungsdienst in Anspruch zu nehmen. Sumpfberater, Sumpfbegleiter oder gar der Aufenthalt in einem Sumpfkurhaus bieten sich an. (Näheres hierzu auf den Seiten 196 f.). Ganz anderer Art, weniger »schlimm«, aber viel weiter verbreitet ist …

Der Kommunikationssumpf

»Der hat mich völlig missverstanden.« – »Wie kann sie das nur sagen? Das ist doch vollkommen abwegig!« – »Ich habe doch schon x-mal deutlich gesagt, dass … Muss ich denn alles hundert Mal wiederholen?« – »Solch eine Unverschämtheit lass ich mir nicht gefallen – sollen die doch sehen, wo sie ohne mich bleiben!« – »Jetzt reicht's mir aber, endgültig! Nicht mit mir!« Schon mal gehört? Oder vielleicht selber in ähnlicher Form schon mal gesagt? Völlig normal, willkommen im Kommunikations-Sumpf! In Beziehungen, im Verhältnis Eltern-Kinder, zwischen Kollegen am Arbeitsplatz, gegenüber Kunden und Lieferanten und natürlich auch in der Politik: Menschen reden aneinander vorbei, wollen nicht achtsam zuhören, sie missverstehen sich, fühlen sich angegriffen, schießen mit Worten zurück. So vieles läuft schief, wenn wir miteinander reden. Und in der Regel haben wir es auch nicht richtig gelernt, wie gute Kommunikation aussieht, daher landen wir immer wieder im Kommunikationssumpf, solidarisieren uns mit Gleichgesinnten – und geraten dadurch oft noch tiefer hinein.

Dies sind jetzt nur ein paar, nämlich die häufigsten der offensichtlichen Sümpfe. Daneben gibt es noch viele, die gar nicht mehr als solche erkannt werden, weil sie in der heutigen Gesellschaft einfach dazuzugehören scheinen und so verbreitet sind, dass sie uns gar nicht mehr auffallen. Doch auch sie können unser Leben stark beeinträchtigen und uns Energie und innere Freiheit rauben. Nennen wir sie einfachheitshalber: *unscheinbare* Sümpfe.
Zu ihnen gehören:

Der Leistungs- und Überforderungssumpf

Burn-out ist ein immer mehr um sich greifendes Phänomen am Arbeitsplatz, ebenso wie Stresskrankheiten und so mancher Herzinfarkt. All das sind Begleiterscheinungen einer Leistungsgesellschaft, in der Erfolgsdruck, Effizienzsteigerung, Gewinnmaximierung und Konkurrenzdenken den Berufsalltag prägen. Doch schon in der Schule geht es los: möglichst gute Noten, der Kampf ums Gymnasium, Spitzenabitur und anschließend am besten auf eine Eliteuniversität. Fordern bis zur Überforderung. Nichts gegen Leistung und Herausforderung, im Gegenteil, sie sind Bestandteil eines erfüllten Lebens, doch wenn sie, ohne hinterfragt zu werden, unser Leben dominieren und Gesundheit, Gelassenheit und andere Werte dabei auf der Strecke bleiben, entsteht ein Sumpf, der deswegen so gefährlich ist, weil wir ihn gar nicht mehr bemerken. Und wie wichtig sind Leistung und Erfolg für Sie? Wobei fühlen Sie sich überfordert? Beherrscht dieser Sumpf auch Ihr Leben oder haben Sie dieses Thema im Griff?

Der Anspruchs- und Unzufriedenheitssumpf

Er ist mit dem vorhergehenden Sumpf eng verbunden, ja, er kommt gewissermaßen Hand in Hand mit ihm daher. Es ist schon eigenartig: Je mehr wir leisten, desto mehr können wir uns auch leisten. Wir steigern unsere Ansprüche, das Beste ist oft nicht mehr gut genug, und je mehr die Ansprüche zunehmen, desto unzufriedener werden viele. Die Wohlstandsgesellschaft hat viele verwöhnt, und Zufriedenheit mit dem, was man hat, wird von einer Wirtschaftsordnung, die auf Konsum gerichtet ist, keineswegs gefördert. Was wir uns gestern endlich leisten konnten, daran haben wir uns schon morgen gewöhnt, und schnell sind neue Wünsche da, deren Erfüllung uns zwar auch nicht zufriedener werden lassen, doch zumindest hoffen wir das – und genau diese Hoffnung nährt den Sumpf. Schon das Erkennen dieser Illusion könnte den Ausweg weisen. Doch wer drinsteckt, scheint dafür blind. Und man ist ja nicht alleine, sondern meist in guter Gesellschaft!

Der Geld = Glück-Sumpf

Geld = Glück, viel Geld = viel Glück. Dieser Sumpf hat eine lange Geschichte und scheint eine feste Konstante in unserer Kultur zu sein. Mit einer gewissen Faszination lesen wir die Biografien von Menschen, die es »vom Tellerwäscher bis zum Millionär« gebracht haben, die Welt der Reichen und Superreichen füllt die Seiten der Boulevardpresse. Die Protagonisten dieser Geschichten jagen wie Dagobert Duck Geld, Gold und Reichtum hinterher, immer auf der Suche nach dem Glück.

Auf der Gleichsetzung von Geld und Glück beruhen unsere Kultur, unser Wirtschaftssystem und unser Leistungsstreben. Wer viel Geld hat, hat »es geschafft«, kann sich zurücklehnen und das Leben genießen. Und der Mechanismus, der dahintersteckt, scheint ein tief verankertes Evolutionsprogramm zu sein. »Geld ist für Menschen das, was Käse für die Mäuse ist: eine Belohnung«, erklärt der Schweizer Ökonom Ernst Fehr in einem Artikel der *Zeit*. Bekommt die Maus Käse, dann freut sie sich. Nachweisbar ist das durch messbare Endorphinausschüttungen. Beim Menschen ist das ähnlich: Geld ist nicht mehr nur ein Tauschmittel, es ist gewissermaßen zu einer eigenständigen Währung geworden, zu einer Glückswährung: Der Mensch will es besitzen, weil es ihm gute Gefühle verschafft.

Und so sitzen wir also in unserem Sumpf und versuchen, Reichtümer anzuhäufen. Und erkennen vor lauter Sumpfnebelschwaden oft nicht, dass wir einer Täuschung aufsitzen, die freilich auch gar nicht so leicht zu entlarven ist. Denn wenn es ums tägliche Überleben geht, spielt Geld sehr wohl eine wichtige Rolle. Nur funktioniert die Gleichung »Mehr Geld = mehr Glück« leider nicht. Denn trotz Wirtschaftswachstum und Einkommenssteigerung hat seit den

70er-Jahren die Lebenszufriedenheit in der westlichen Welt nicht wesentlich zugenommen. Im Gegenteil: Wir haben uns an die besseren Lebensumstände gewöhnt, unsere Ansprüche sind gestiegen (der Anspruchssumpf!), und wir vergleichen uns mit anderen, denen es vermeintlich besser geht. So fließen hier ein paar Sümpfe zusammen zu einer zähen Masse. Der Geld = Glück-Sumpf hat auch noch ein paar andere Sümpfe im Schlepptau, was seine Gefährlichkeit steigert – und ein Entrinnen umso schwerer macht.

Der Sicherheitssumpf

»Vorsicht ist die Mutter der Porzellankiste«, heißt es. Sicherheit ist wohl ein menschliches Grundbedürfnis, für jeden von uns. Jeder möchte, dass seine Familie sicher leben kann, er möchte eine sichere Wohnung haben, ein sicheres Auto fahren, einen Job, der ihm sicher genug Geld einbringt und auch eine sichere Altersvorsorge. Wir sichern das, was wir haben, wir bringen unser Schäfchen ins Trockene. Wir haben Angst vor Terror, Angst vor der Finanzkrise, wir schließen am Abend die Haustüre zwei Mal ab. Und viele sichern sich so sehr ab, dass sie kaum noch richtig leben können, ja das Leben verpassen. Denn: Unsicherheit und Risiko gehören nun einmal zum Leben. Wer sein Dasein meistern will, muss lernen, mit Unsicherheit zu leben.

Auffällig ist eine gewisse Paradoxie. Einerseits sind wir immer bestrebt nach Sicherheit, andererseits haben wir auch den Drang, ständig nach Neuem und Unsicherem zu suchen. Wir Menschen scheinen einen inneren Trieb, einen Instinkt für riskantes Verhalten zu haben. Fast könnte man sagen: Unser Körper braucht ein gewisses Risiko, damit wir ein Gefühl von Lebendigkeit verspüren. Vielleicht ist das auch der Grund dafür, warum wahre »Risk-Seeker« gerne an Gummiseilen in die Tiefe springen, warum sie, mit den Fingerspitzen an Felsvorsprünge gekrallt, über Abgründen baumeln. Ja, das ist wohl das andere Extrem. Doch wer sich immer zu sehr absichert, bleibt im Sicherheitssumpf stecken, abgeschirmt vom wahren Leben, das ohne ein gewisses Risiko langweilig wird. So wird dieser Morast dann auch zum Sumpf der Langeweile.

Der Medien- und Informationssumpf

Minütlich werden weltweit Nachrichten produziert. Irgendwo geschieht immer gerade etwas, flammt ein Kriegsherd neu auf, gerät eine Regierung in Schwierigkeiten, droht ein Wirtschaftssystem zu implodieren. Wurde in früheren Zeiten der Nachrichtenrhythmus noch durch Tagesschau und Tageszeitung bestimmt – was auch bedeutete: Es ging immer ein wenig Zeit für Analyse ins Land, bevor ein Ereignis zur Nachricht wurde –, so werden Nachrichten heute in Echtzeit und oft unreflektiert übermittelt, via Internet, Twitter und ähnlich schnelle Kanäle. Und wir machen in diesem Sumpf bereitwillig mit, denn »in einer viertel Stunde kann sich die Welt verändern« (so der Slogan eines Nachrichtensenders), und es wäre doch schade, wenn wir davon nichts mitbekommen. Was uns in diesen Sumpf treibt, ist eine urmenschliche, an sich positive Eigenschaft: die Neugier. Und wer nicht neugierig genug ist, wer ganz bewusst ein wenig auf Abstand geht, sieht sich schnell dem Vorwurf mangelnder Informiertheit ausgesetzt. Die Nebenwirkungen dieses Mediensumpfes allerdings sind beträchtlich, denn die ständige Informationsflut wirkt sich auch auf unser Innenleben aus. Je mehr unsere Aufmerksamkeit von äußeren Dingen angezogen wird, desto stärker entfernen wir uns von uns selbst. Viele fühlen sich dann ausgebrannt und leer, gut informiert zwar – aber nicht zufrieden. Und versuchen, das Gefühl innerer Leere durch neue Ablenkungen und neue Reize von außen zu füllen – mit den bekannten Folgen, die verstärkte Aktivität im Sumpf hat: Man sinkt noch ein Stückchen weiter ein.

Der Erreichbarkeitssumpf

Ein dem Medien- und Informationssumpf benachbartes Sumpfgebiet ist der Erreichbarkeitssumpf, dem wir beinahe alle in mehr oder minder starker Form erliegen. Wer hat das nicht schon erlebt: Der Kollege, der empört anruft und fragt, ob denn seine E-Mail noch nicht angekommen sei – er hätte sie doch schon vor zehn Minuten geschickt und immer noch keine Antwort erhalten. Die vorwurfsvolle Stimme der Freundin auf der Mailbox: »Warum gehst du nicht ran – wozu hast du überhaupt ein Handy, wenn man dich nie erreichen kann?« Und die leichte Unruhe, die sich bei dem einstellt, der feststellt, dass der gegenwärtige Aufenthaltsort dem Handy kein Netz bietet.

Seit die Technik es uns ermöglicht, dass jeder jedem zu jeder Zeit etwas mitteilen kann, wird davon auch ausgiebig Gebrauch gemacht. Beinahe jeder trägt heute seine kleine Kommunikationszentrale permanent bei sich, prüft viertelstündlich den Eingang von E-Mails auf dem Smartphone. In vielen Unternehmen wird erwartet, dass Mitarbeiter – zumindest ab einer bestimmten Ebene – auch nach Feierabend und im Urlaub erreichbar sind. »Nein, ich bin hier in Venedig, auf dem Markusplatz, Sie stören überhaupt nicht«, das ist einer dieser Sätze, die aus dem Erreichbarkeitssumpf ertönen. Und auch vor dem Privatleben macht dieser Sumpf keinesfalls halt. War noch vor wenigen Jahren das Handy ein Statussymbol der Erfolgreichen, so gilt heute als Sonderling, wer keines hat. Kaum noch vorstellbar, dass Menschen sich früher auch ohne ständigen Abstimmvorgang via Facebook und andere soziale Netzwerke verabreden konnten. Wer heute mitreden will, muss in seinem Sumpf erreichbar sein, auch wenn einen gerade diese Erreichbarkeit fest darin gefangen hält.

Der Abhängigkeitssumpf

Auch aus dem Abhängigkeitssumpf ist ein Entkommen oft mehr als schwierig, manchmal sogar ohne fremde Hilfe unmöglich. Alkohol, Nikotin, Süßigkeiten, aber auch Gewohnheiten oder bestimmte Verhaltensweisen können abhängig machen. Manche sind auch von Menschen bzw. dem Einfluss, den sie auf sie ausüben, abhängig oder von ihrer Arbeit. Einen Workaholic lässt seine Arbeit in schädigender Weise nicht mehr los, und er reibt sich bis zu einem Burnout auf. Medien und Kommunikationsmittel können ebenfalls Suchtpotenzial entfalten, der Chat im Internet einen um die Nachtruhe bringen. Hohe Geschwindigkeit beim Autofahren kann ebenso süchtig machen wie Extremsportarten oder gefährliche Hobbys. Und wie so häufig gilt auch bei diesem Sumpf: Es ist immer eine Frage der Dosierung. Was in geringen Mengen als Medikament hilft, wird in größerer Menge zur Droge, zum Gift. Die Einsinktiefe ist variabel, und die besondere Gefahr bei der Abhängigkeit ist häufig, dass man den Zeitpunkt, zu dem man sich noch problemlos selbst aus dem Sumpf ziehen könnte, leicht verpasst. Und wie steht es um diesen Sumpf in Ihrem Leben? Stecken Sie in irgendeiner Form darin fest, oder spielt er in Ihrem Leben keine Rolle?

Gefährliche Sümpfe

Schließlich gibt es noch die gefährlichen Sümpfe, die verheerende Folgen haben können, für den Einzelnen, für bestimmte Gruppen, ja sogar für ganze Länder, Kontinente oder die Welt: irrsinnige Ideologien, die zu Fanatismus, Fundamentalismus und radikalen Aktionen führen. Sümpfe, deren Protagonisten bereit sind, für die vermeintlich »einzig richtige Weltanschauung« oder den »wahren Glauben« Freiheiten zu beschränken, Folterungen zuzulassen, Menschenleben zu zerstören, Kriege zu führen oder gar Genozide zu begehen. Die Geschichte ist leider voll davon, Kreuzzüge, Inquisition und Hexenverbrennungen sowie die Gräuel der Nazis und Kommunisten bis zu den Terrorakten und Selbstmordattentätern der Gegenwart. Wer einer Ideologie oder dem »Heiligen Krieg« verfallen ist, befindet sich im schlimmsten Sumpf, in den Menschen geraten können. Und es scheint äußerst schwer, diesem Sumpf zu entrinnen, jedenfalls solange man von Gleichgesinnten umgeben ist. Allerdings gehören diese Sümpfe nicht zum Thema dieses Buches – hier soll es nur um die »normalen« Sümpfe gehen. Wie Sie es schaffen können, aus diesen Sümpfen auszusteigen, erfahren Sie nun im zweiten Teil des Buches. Doch zunächst haben Sie noch Gelegenheit zu Ihrem persönlichen Sumpf-Check.

Sumpfcheck

Mit dem folgenden kleinen Test, der naturgemäß keinen Anspruch auf Vollständigkeit erheben kann, können Sie überprüfen, in welchem Maß Sie für die vielen Sümpfe, die das Leben so bietet, empfänglich sind. Ebenso wird aber getestet, ob Sie möglicherweise schon eine gewisse »Sumpfresilienz« entwickelt, also gewissermaßen einen Schutzmechanismus gegen das Versinken gebildet haben. Nehmen Sie sich bitte ein wenig Zeit und kreuzen Sie jeweils an, ob die folgenden Aussagen auf Sie gar nicht, selten, manchmal oder oft zutreffen.

	Trifft auf mich zu …			
	gar nicht (0)	selten (1)	manchmal (2)	oft (3)
1. Ich kann mich schnell aufregen und ärgern.				
2. Anpassung an neue Situationen fallen mir leicht und Veränderung empfinde ich als Bereicherung im Leben.				
3. Probleme begleiten mein Leben.				
4. Ich habe die Fähigkeit, die Dinge so anzunehmen, wie sie sind, insbesondere auch wenn etwas schiefläuft, damit zurechtzukommen.				
5. Immer wieder sind andere daran schuld, dass es mir nicht gut geht.				
6. Ich neige dazu, mir Sorgen über die Zukunft zu machen und Dinge, die schief laufen könnten.				
7. Mein Leben ist in Bewegung – vor allem bewege ich mich und treibe Sport.				

8. In Stresssituationen schaffe ich es, ruhig und stabil zu bleiben.

9. Ich habe die Fähigkeit, mit Problemen allein dadurch besser klarzukommen, dass ich die Sichtweise verändere.

10. Manchmal erscheint mir mein Leben sinnlos und ausweglos.

11. Ich beschwere mich über viele Dinge im Alltag.

12. Ich schaffe in meinem Leben immer wieder Ordnung und entrümpele es von dem Ballast der Vergangenheit.

13. Ich habe hohe Ansprüche und bin oft unzufrieden mit mir und anderen.

14. Ich kann gut für mich selber sorgen.

15. Ich kann mich gut auf das konzentrieren, was ich tue.

16. Ich gerate leicht in Streitigkeiten und habe immer wieder den Eindruck, missverstanden zu werden.

17. Ich bin ein Mensch, der verzeihen kann und weitgehend im Frieden mit anderen lebt.

18. Ich engagiere mich gern für andere und freue mich, wenn ich anderen Freude bereiten kann.

19. Ich setze mir sehr hohe Ziele und fühle mich oft überfordert.

20. Bei mir läuft vieles schief und oft fühle ich mich als Versager.

21. Im Gespräch kann ich mich gut in andere hineinversetzen und ich glaube, dass ich ein Talent für gute Kommunikation habe.

22. Ich suche immer wieder neue Herausforderungen, ohne mich dabei zu überfordern.

23. Wenn ich mehr Geld hätte, ginge es mir viel besser.

24. Ich neige dazu, mich gegen möglichst viele Risiken im Leben abzusichern.

25. Ich habe eine gute Selbstwahrnehmung und kann recht schnell erkennen, was in mir abläuft.

26. Ich verbringe viel Zeit mit Fernsehen und Internet.

27. Es fällt mir sehr schwer, auf bestimmte Dinge zu verzichten (wie z.B. Zigaretten, Alkohol, Internet oder andere Suchtmittel).

28. Auch in Schwierigkeiten habe ich bisher fast immer eine Lösung gefunden, oft auch ohne fremde Hilfe.

29. Ich erlaube es mir immer wieder, innezuhalten und habe Zeiten der Stille, der Meditation oder Entspannung im Alltag.

30. Ich bin per Handy oder E-Mail fast immer und überall erreichbar.

Zählen Sie nun bitte zunächst zusammen, wie viele Punkte Sie bei den Fragen

1, 3, 5, 6, 10, 11, 13, 16, 19, 20, 23, 24, 26, 27, 30

haben. Tragen Sie das Ergebnis hier ein:

Ergebnis A: _____

Zählen Sie nun bitte die Punktzahl bei den folgenden Fragen zusammen:

2, 4, 7, 8, 9, 12, 14, 15, 17, 18, 21, 22, 25, 28, 29

Tragen Sie dieses Ergebnis bitte hier ein:

Ergebnis B: _____

Ziehen Sie nun das Ergebnis aus Teil B vom Ergebnis aus Teil A ab (das Ergebnis kann auch negativ sein).

Ergebnis A – Ergebnis B = _____

Ihr persönliches Testergebnis finden Sie hier:

Punktzahl zwischen 15 und 45	Vermutlich landen Sie immer wieder in Ihrem Leben in einigen der hier genannten Sümpfe. Wichtig ist für Sie, schon mal festzustellen, welche der Sümpfe in Ihrem Leben besonders häufig vorkommen und gleichzeitig wahrzunehmen, wie Sie sich (meist selber) immer wieder hineinmanövrieren. Die folgenden Kapitel werden Ihnen hierbei vermutlich einige Hilfestellungen bieten und vor allem können Sie vom zweiten Teil profitieren, wenn Sie die dort genannten Techniken einsetzen, um sich schnellstmöglich wieder am eigenen Schopf aus dem Sumpf zu ziehen, wenn Sie denn hineingeraten sind.
Punktzahl zwischen - 14 und + 14	Sie scheinen entweder einen guten Schutz davor zu haben, in die inneren Sümpfe hineinzugeraten. Oder aber Sie haben in Ihrem Leben schon gelernt, wie Sie sich im Einzelfall aus dem Sumpf wieder befreien können. Mit andere Worten: Sie sind entweder nicht besonders sumpfgefährdet oder verfügen über ein gesundes Sumpfmanagement. Zu beiden Aspekten können Sie in diesem Buch wertvolle Ergänzungen finden.
Punktzahl zwischen - 15 und - 45	Sie gehören wohl zu den Menschen, denen man eine hohe »Sumpfresilienz« attestieren kann. Herzlichen Glückwunsch. Ob Sie dieses Buch wirklich brauchen? Na ja: Auch Sie können vielleicht noch von dem einen oder anderen Tipp profitieren, um Ihre Sumpfresilienz zu steigern, oder aber Informationen finden, wie Sie anderen Menschen helfen können, sich aus dem Sumpf zu ziehen. Und falls Sie beides nicht benötigen, dann schenken Sie das Buch bitte getrost weiter ☺.

SCHRITTE AUS DEM SUMPF

Wie sehen diese Schritte aus dem Sumpf nun konkret aus? Wie kann es gelingen, sich am eigenen Schopf aus dem Sumpf zu ziehen? Im Prinzip gilt es, einfach nur einen Drei-schritt zu befolgen, wobei das »einfach nur« wahrlich eher verharmlosend erscheinen kann. Denn was nun folgt, mag einfach klingen, ist aber in der Anwendung, in der Praxis oft gar nicht so leicht zu schaffen. Und doch ist es wahrschein-lich der einzige Erfolg versprechende Weg und wohl auch einer, zu dem letztlich alle Weisen der verschiedenen Kultu-ren der Welt gelangen. Aber wir wollen hier die »Latte nicht zu hoch legen« und uns die drei Schritte erst mal anschauen. Sie lauten: wahrnehmen, annehmen, ändern! Was ist damit gemeint?

Wahrnehmen

Der erste Schritt ist immer die Wahrnehmung dessen, was geschieht, und zwar nicht, was in der Außenwelt passiert, sondern vor allem, was in mir selbst, in meinem Gehirn und meinem Körper geschieht. Erst wenn ich weiß, was bei mir abläuft, habe ich die Chance, etwas zu verändern. Nun ist es zwar leider so, dass Erkenntnis allein im Leben noch nicht heilt, doch ist sie der unverzichtbare Ausgangspunkt jeglicher Veränderung. Denn wenn ich schon einmal nachvollziehen kann, was in mir passiert, wie der Sumpf gewissermaßen entsteht oder wie ich überhaupt hineingezogen werde, dann bin ich diesem inneren Sumpf schon nicht mehr so völlig hilflos ausgeliefert. Und all dies läuft weitgehend im Kopf, genauer gesagt im Gehirn und in unserem Nervensystem ab. Also, was passiert da in uns, wenn wir beispielsweise anfangen zu grübeln, uns zu sorgen, uns zu ärgern oder auf andere Weise in den negativen Emotionssumpf hineingeraten?

Vielleicht kennen Sie das? Sie werden nachts, kurz nach vier Uhr, wach, gehen vielleicht kurz zur Toilette, legen sich wieder hin, um weiterzuschlafen, da ... plötzlich ... wie aus dem Nichts ... fällt Ihnen die Abendessenseinladung am Samstag bei Koslowskys ein ... und schon kommt die Frage, was Sie anziehen werden ... denn das neue dunkelblaue Kleid, das sicher ideal wäre, ist noch in der Reinigung und möglicherweise wieder nicht rechtzeitig fertig ... wie beim letzten Mal, als Sie sich so über die Unzuverlässigkeit der angeblichen »Express-Reinigung-Königstein« geärgert haben (hierbei können Sie sich nun eine Weile aufhalten, den Zorn nochmals richtig aufsteigen lassen, und vielleicht das Für und

Wider abwägen, ob es nicht besser wäre, die Reinigung zu wechseln, denn: Das müssen Sie sich nun wahrlich nicht gefallen lassen ... sollen die doch sehen, wie sie ihre Kunden verlieren, wenn sie ihre zugesagten Termine nicht einhalten ... oder aber ...). Sie fangen an, über Alternativen bei der Abendgarderobe nachzusinnen ... ja, vielleicht doch lieber das anthrazitfarbene Kostüm ... das ... ach ja, das Ihnen Michael letzten Geburtstag geschenkt hat ... einen Monat vor der Trennung ... und plötzlich tauchen die Tage und der Schmerz der Trennung, mag diese auch schon über ein halbes Jahr zurückliegen, wieder auf ... und der Groll, den Sie verspüren, zumal er schon kurz danach mit Nicole unterwegs war ... wie konnte ihm das so leichtfallen ... einfach über Bord geworfen. Und schon sind Sie in einer emotional abwärtsführenden Spirale von Traurigkeit, Verletztheit, Ärger und Selbstunwertgefühlen, die Sie bis in die Morgenstunden begleiten und beschäftigen können, bis Sie irgendwann kurz vor sechs Uhr wieder einschlafen, um eine halbe Stunde später jäh von Ihrem Wecker in die Realität zurückgeholt zu werden. Der Tag ist gelaufen, schuld sind Michael ... und die Reinigung ... oder Koslowskys? Natürlich, ohne deren blöde Einladung hätten Sie doch heute Nacht problemlos weiterschlafen können. Nein: Zu der Party gehen Sie nicht!

Abwegig? Oder schon mal in ähnlicher Form erlebt? Natürlich könnte man auch sagen: Na ja, das sind nun wahrlich keine ernsten Probleme. Doch den gleichen inneren Prozess kann man auch durchlaufen, wenn man sich mit schwerwiegenden Fragen beschäftigt, wie mit der gefährdeten Versetzung des vierzehnjährigen Sprösslings in der Schule, dem anstehenden Umzug, der Krebserkrankung der Schwägerin oder dem missgünstigen Kollegen am Arbeitsplatz, der einem jeden Tag das Leben schwer macht. Hier geht es aber gar nicht um die »Größe« der Probleme, sondern nur um den inneren Prozess in unserem »Gehirnkino« und den »Emotionssumpf«, in den wir dabei immer tiefer hineingezogen werden. – Also, was passiert da in uns?

Um das zu verstehen, müssen wir erkennen, was unsere Aufmerksamkeit von morgens bis abends macht. Vergleichen wir sie am besten mit einem Scheinwerfer. Da ist die erste wichtige Frage, worauf dieser gerichtet ist. Prinzipiell gibt es dabei zwei Möglichkeiten: Entweder der Scheinwerfer richtet sich auf das, womit ich mich gerade beschäftige, also auf den Gegenstand meiner Arbeit, den Straßenverkehr beim Autofahren, den Ball beim Tennisspiel, die Buchzeilen beim Lesen und so weiter. Oder der Scheinwerfer schweift mit seinem Lichtkegel ab in die Vergangenheit oder in die Zukunft, um dort Erlebtes oder Vorgestelltes zu beleuchten. Und im Prinzip ist das ja auch völlig in Ordnung, denn es zeichnet uns Menschen nun mal aus, in der Lage zu sein, vergangene Ereignisse zu analysieren, um anschließend aus Fehlern zu lernen, oder über die Zukunft nachzudenken, um sie vernünftig zu planen und Gefahren vorzubeugen. Optimalerweise sollte das bewusst geschehen, das heißt, bestimmten Analyse- oder Planungszeiten vorbehalten bleiben, damit in der übrigen Zeit unser Scheinwerferkegel in der Gegenwart bleibt, bei dem, was wir tun. Das wäre der Idealfall, scheint allerdings eines der schwierigsten Dinge im Leben überhaupt zu sein: mit seiner Aufmerksamkeit in der Gegenwart zu bleiben. Als hätten wir einen Automatismus im Gehirn eingebaut, so eine Art widerspenstigen Affen, der den Scheinwerfer ständig in die Vergangenheit oder die Zukunft richtet, bloß um nicht in der Gegenwart zu bleiben. Erschwert wird das Ganze oft noch dadurch, dass sich dieser Scheinwerferkegel in der Vergangenheit meist auf Dinge richtet, die schiefgelaufen sind, die uns »angetan« wurden, sodass ganz schnell Ärger, Wut, Bedauern oder Selbstmitleid ausgelöst werden. Oder indem er sich in der Zukunft auf Dinge richtet, die schieflaufen könnten. »Was wäre wenn ...?« Und schon sind wir mitten im Prozess des Sich-Sorgens und Grübelns, wie in der oben dargestellten Nachts-um-vier-Situation. Unser Verstand fängt an sich vorzustellen, dass und wie etwas schiefgehen könnte, und automatisch entstehen im Gehirn – wie im Kino – die dazugehörigen Bilder. Sofort lösen diese Bilder in uns die dazugehörigen Gefühle aus, nämlich meist Ängste, die die Zukunft betreffen, beziehungsweise Bedauern oder Ärger, wenn es um etwas Vergangenes geht. Dieser Prozess ist gewissermaßen automatisiert: Gedanke – Bild – Gefühl, er entspricht der Arbeitsweise unseres Gehirns. Wir können ihn nicht verhindern. Und viele Menschen leben mit einem solchen sich ständig sorgenden oder grübelnden »Peiniger« im Kopf, der sie immer wieder in den Sorgen- und Grübelsumpf zieht.

Man kann das Ganze mit einem Zug vergleichen, der durch einen Tunnel rast. Der Tunnel ist die Zeit, er beginnt in der Vergangenheit und führt in die Zukunft. Die Waggons des Zuges sind Gedanke, Bild und Gefühl. Und nun kommt das Entscheidende, die Lokomotive. Anders als üblich ist die Lok nicht an der Spitze des Zuges, sie schiebt den Zug. Die Lokomotive ist die Identifikation mit den Gedanken, Bildern und Gefühlen. Sie ist der Prozess des Sich-ganz-Hineinbegebens in das, was ich mir vorstelle, ausmale und durchlebe, als wäre es real. Nur durch die Identifikation bin ich in meinem »Gedanken-Zug« gefangen, nur dadurch kommt der Zug überhaupt in Bewegung. Und all das passiert fast immer unbewusst, automatisch, abends im Bett liegend, während der Arbeit, wenn die Gedanken abschweifen, beim Spaziergengehen, beim Autofahren ... ja, eigentlich gibt es nur ganz

47

wenige Momente im Alltag, wo unsere Gedanken gerade nicht in der Vergangenheit oder in der Zukunft weilen, wo unser mentaler Zug nicht mit rasender Geschwindigkeit durch den Tunnel der Zeit unterwegs ist. Es ist eigentlich nur ein schwacher Trost, dass wir uns dessen meist nicht bewusst sind, dadurch leiden wir vielleicht nicht so sehr darunter, es ist uns über die Jahre zum gewohnten allgegenwärtigen Daseins-Zustand geworden. Und allen anderen um uns herum scheint es ja auch so zu gehen, denn sie leben ja mit uns und um uns herum auch im Sumpf des unbewussten Sich-ständig-irgendwelche-Gedanken-Machens. Also ziemlich normal ... und damit wohl auch nicht so schlimm. Es sei denn, man wird sich dessen bewusst. Man begreift, was da in einem passiert, wie man immer wieder voll identifiziert ist mit irgendeinem Gedanke-Bild-Gefühl, im rasenden Zug durch den Tunnel der Zeit unterwegs ... und bekommt das unwiderstehliche Bedürfnis auszusteigen. Auszusteigen aus diesem Zug, aus diesem mentalen Prozess. Ist das überhaupt möglich? Lässt sich dieser Zug stoppen? Diese Frage haben sich die Weisen und Philosophen aller Zeiten immer wieder gestellt und nach praktikablen Wegen gesucht, sich am eigenen Schopf aus diesem Gedankensumpf zu ziehen – und sie sind fündig geworden.

Das Allerwichtigste dabei ist, sich dieses dargestellten Dilemmas bewusst zu werden und gewissermaßen wie von außen beobachten zu können, was da in einem abläuft. Das mag banal klingen, ist allerdings oft gar nicht so leicht. Beobachten Sie einmal nur, was da in Ihnen geschieht: »Aha, ich denke an das, was Robert gestern getan hat ... schon sehe ich augenblicklich die Situation wieder vor meinem inneren Auge ... und fast zeitgleich kommt der Ärger in mir wieder auf, weil ich das Verhalten von ihm als ungerecht bewerte ... Aha, interessant ... das passiert gerade in mir ...« Wenn mir das gelingt, geschieht etwas fast Unglaubliches: Der Zug kommt zum Stehen, weil der Lokomotive der Strom abgedreht wird. Das Vorgestellte verliert seine Macht über mich, denn alles, was ich beobachten kann, hält mich nicht mehr so in seinem Griff, wie wenn ich mich damit identifiziere. Der Mechanismus Gedanke-Bild-Gefühl wird unterbrochen. Die Zauberformel lautet also:

Identifikation stärkt die Macht der Gedanken,
Beobachtung schwächt die Macht der Gedanken.

Je mehr jemand im Leben die Fähigkeit entwickelt, einfach nur das beobachten zu können, was in ihm selber mental und emotional abläuft, desto größer werden seine Unabhängigkeit, seine innere Souveränität und seine Handlungsfreiheit. Das bewertungsfreie Beobachten-Können ist nicht umsonst einer der Schulungsschwerpunkte asiatischer Geisteswege. Doch auch für uns westliche Menschen ist es ein Tor zur inneren Freiheit, eine der schnellsten und wirksamsten Arten, sich am Schopf aus dem Gedanken- und Emotionssumpf herauszuziehen. Und daher kann es sich lohnen, es immer und immer wieder zu üben. Und wenn es manchmal nicht gelingen will, einfach gelassen zu beobachten, dass es im Moment nicht gelingen will.

Auswege aus dem Identifikations-Prozess sind auf verschiedene Weise möglich:

o Die wohl verbreitetste und einfachste Art ist sicher die, sich *abzulenken*. Der innere Scheinwerfer der Aufmerksamkeit folgt einer angenehmen Attraktion im Außen: einem spannenden Film, einem fesselnden Computerspiel, der lockeren Unterhaltung in der geselligen Runde oder am Telefon oder der verlockenden Schaufensterauslage beim Shoppen. Und aus eigener Erfahrung wissen Sie sicher: Das mag

49

im Augenblick helfen, doch kaum ist die Ablenkung vorbei, ist das Problem wieder da, manchmal mit noch größerer Intensität. Ein Grund, warum viele sofort die nächste Ablenkung suchen, also gewissermaßen ein ständiges »Hopping« von einer Ablenkungsinsel zur nächsten betreiben, bis sie dann doch wieder mal nachts um vier aufwachen und … na ja, Sie ahnen es sicher schon …

○ Eine weitere Möglichkeit besteht darin, seine *Aufmerksamkeit auf eine bestimmte Tätigkeit zu richten*, in seinem Job, bei der Gartenarbeit, auf den Ball beim Tennismatch oder die Tasten beim Klavierspiel. Denn der Vorteil bei allem, was man mit all seinen Sinnen, also vollem Bewusstsein tut, ist der, dass im Gehirn gleichzeitig kaum noch Platz zum Grübeln oder Sich-Sorgen-Machen ist (mehr dazu auf den Seiten 124 ff.). Dies ist wohl auch einer der Gründe, warum die Beschäftigung mit bestimmten Aufgaben zur Therapie depressiver Menschen gehört: Während sie ihrer Arbeit nachgehen, können sie nicht so leicht über sich selber nachgrübeln.

○ Schwieriger wird es allerdings dann, wenn wir nichts Besonderes tun. Jetzt besteht die Kunst darin, mit seiner Aufmerksamkeit einfach nur bei dem zu verweilen, was gerade in der Gegenwart geschieht, was um einen herum ist oder geschieht und was in einem selbst abläuft, sei dies auch noch so unspektakulär. Also *bewusst wahrzunehmen*, was in meinem Körper passiert, den Atem beobachten, den Boden unter den Füßen spüren, mit der Aufmerksamkeit durch Beine und Arme wandern, ohne dies zu bewerten oder etwas verändern zu wollen. Ebenso kann man auf das achten, was an Geräuschen von außen zu einem dringt, was man in der Umgebung sieht oder auf der Haut spürt, beispielsweise wärmende Sonnenstrahlen oder einen leichten Windhauch. Bei all dem geht es letztlich nicht darum, was man wahrnimmt (das ist gewissermaßen nur ein Vehikel), sondern dass man mit der Aufmerksamkeit einfach in der Gegenwart, im Jetzt verweilt, bei sich selber und seiner Umgebung. Und dies ist erstaunlicherweise alles andere als leicht. Denn in unserem Gehirn scheint es eine Art Autopiloten zu geben, der ständig auf der Suche nach etwas Interessantem, etwas Spannendem unterwegs ist. Und einfach nur zu spüren, was in einem und um einen herum ist, findet dieser Autopilot schon nach ganz kurzer Zeit langweilig. Also macht er sich auf die Suche. Und wenn es in der Gegenwart nichts Attraktives für ihn gibt, worauf er den Scheinwerfer der Aufmerksamkeit richten kann – nun, in der Vergangenheit oder Zukunft wird er sicher fündig werden. Schnell stößt er auf ein Problem, mit dem er sich beschäftigen kann, wie ein Hund, der mit einem Ball spielt. Wehe, man nimmt ihm den Ball weg. In Kürze kommt er mit einem Stöckchen an, Hauptsache er hat wieder was zu spielen.

Verrückt? Vielleicht, aber so funktioniert nun mal unser Gehirn. Nicht nur bei uns westlich geprägten Menschen, sondern in allen Kulturen. Und daher ist es auch das Grundanliegen aller Meditations- oder Kontemplationstechniken der verschiedensten geistigen Traditionen, Wege und Mittel zu finden, um für eine gewisse Dauer mit seiner Aufmerksamkeit einfach nur bei sich und in der Gegenwart zu verweilen. Und wenn die Gedanken wieder zu Vergangenem oder Zukünftigem abschweifen, dies einfach wahrzunehmen und zurückzukehren zur Beobachtung des Atemflusses oder all dessen, was man in sich spürt. Dies ist die wohl einfachste und effektivste Art, den rasenden Zug im Tunnel der Zeit zu verlassen.

○ Allein schon das *Wahrnehmen* und *Beobachten-Können* dieses ganzen beschriebenen inneren Prozesses ist der erste Schritt in die Gegenwart, raus aus dem Zug. Wenn ich mir bewusst werde, dass ich an etwas Zukünftiges denke, dass ich anfange, mir auszumalen, was alles geschehen könnte, dass diese Vorstellung in mir Ängste oder unangenehme Gefühle aufsteigen lässt ... ja, schon wenn ich das nur wahrnehme und gewissermaßen wie von außen beobachten kann, dann bin ich (wie oben bereits erwähnt) damit schon nicht mehr so identifiziert, und es verliert seine Macht über mich. Und mag auch kurz danach alles wieder von vorne beginnen, der Zug wieder seine Fahrt aufnehmen: Sobald ich es merke, kann ich wieder aussteigen. Der Ausstieg ist die Gegenwart. Sie ist, so banal es klingt, das einzig Reale, alles andere ist nichts als Erinnerung oder Fiktion. Vergangenheit und Zukunft sind wie Diebe, die uns die Gegenwart rauben. Uns immer wieder mal aus ihren Fängen zu befreien und einfach nur im Jetzt einzutauchen oder auch nur zu beobachten, wie sie agieren, was da in unserem Gehirn abläuft, ist einer der wichtigsten und wirksamsten Wege aus vielen Sümpfen.

Der Bewusstseinszug:

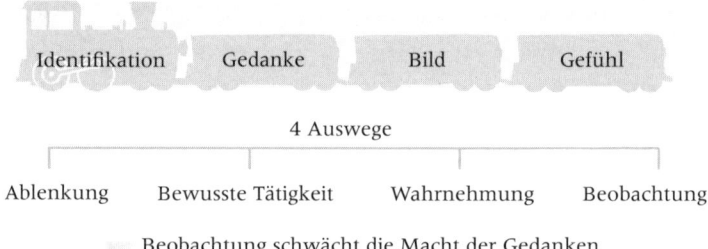

| Identifikation | Gedanke | Bild | Gefühl |

4 Auswege

| Ablenkung | Bewusste Tätigkeit | Wahrnehmung | Beobachtung |

Beobachtung schwächt die Macht der Gedanken
Identifikation stärkt die Macht der Gedanken

Annehmen

Die meisten Strategie- und Lösungsangebote in der westlichen Zivilisation bestehen in der Regel aus zwei Schritten: Problem erkennen und Problem lösen. Diagnose und Therapie. Der zweite folgt nahtlos auf den ersten Schritt, ohne innezuhalten, fast zwanghaft. Und wenn das nicht schnell und reibungslos möglich ist, dann stellt das auch noch ein Problem dar, und das Leid wird noch größer. Jetzt belastet einen nicht nur eine bestimmte Situation, sondern auch noch die Unfähigkeit oder Unmöglichkeit, diese sofort zu verbessern. Der innere Widerstand gegen das, was ist, und das Jammern und Wehklagen darüber werden zum noch tieferen Sumpf. Wohlgemerkt: Nicht das Problem selber ist der Sumpf, sondern das innere Hadern damit, also eben die Ablehnung dessen, was ist.

Eine ganz andere Herangehensweise und auch eine viel heilsamere besteht darin, zunächst einmal das anzunehmen, was eingetreten ist oder sich als Problem darstellt. Anzunehmen und damit einverstanden zu sein, dass etwas schiefgelaufen ist, dass mich etwas traurig macht, dass ich eine bestimmte Eigenschaft besitze oder eine bestimmte Verhaltensweise pflege, die nicht zu meinem idealen Selbstbild passt. Es einfach zu akzeptieren: »Ja, es ist so! Und ich nehme es an, auch wenn es wehtut, auch wenn ich es anders wollte, auch wenn ich Angst davor habe, auch wenn ich keine Ahnung habe, wie ich damit fertig werden soll … ja, ich nehme es an!« Eigenartigerweise, so paradox das klingen mag, ist diese Haltung dann auch schon der erste Schritt zur Lösung. Denn dieser Weg bedeutet ja nicht, etwas einfach resigniert hinzunehmen und dann die Hände in den Schoß zu legen – der dritte Schritt nach dem Annehmen ist ja auf Veränderung oder Verbesserung gerichtet. Aber: Solange ich innerlich mit etwas hadere, es nicht akzeptieren will, in meinem Widerstand dagegen gefangen bin, habe ich keine richtige innere Energie, um etwas zu verbessern. Allenfalls werde ich aus dem Zwang heraus dazu getrieben, das Abgelehnte schnell zu beseitigen, es zu entfernen oder gar zuzudecken und zu verdrängen.

Allerdings ist auch dieser Schritt keineswegs leicht, im Gegenteil. Das Annehmen-Können von etwas, das uns stört, das nach unserer mentalen Konzeption eindeutig anders sein sollte, das Akzeptieren einer Seite an uns, die wir nicht mögen … das gehört wohl auch zu den schwierigeren Dingen im menschlichen Reifungsprozess.

Seit über zehn Jahren besuche ich immer wieder intensive Persönlichkeitstrainings, um mich in meinem eigenen Prozess und als Coach für andere weiterzuentwickeln, und immer wieder steht im Zentrum meiner eigenen geistigen Arbeit die Herausforderung, »einverstanden zu sein mit dem, was ist«, das Einverstanden-Sein auch mit dem Unvollkommenen und mit den Aspekten im Leben, gegen die sich in mir, in uns Widerstand bildet. Und immer wieder habe ich selber die Erfahrung gemacht: In dem Augenblick, in dem ich eine schwierige Situation, ein Problem, auch etwas sehr Schmerzvolles völlig angenommen, meinen Widerstand dagegen und mein Hadern damit vollkommen aufgegeben hatte, ja, gewissermaßen meinen Frieden damit gemacht hatte, in dem Augenblick tat sich der Weg zur Lösung und Veränderung fast von selber auf. Und diese Veränderung war dann auch auf eine behutsame Weise möglich, nicht als Kraftakt oder mit Gewalt.

Voraussetzung dafür ist zunächst, mit dem Jammern aufzuhören und die eigene mögliche »Opferrolle« aufzugeben. Solange jemand dauernd Schuldige sucht (und in der Regel auch findet), die angeblich dafür verantwortlich sind, dass er im Sumpf steckt und mit seinem Leben nicht klarkommt, befindet er sich in einer verhängnisvollen Sackgasse. Ausgangspunkt für ein freies und erfülltes Leben ist es nun mal, die Verantwortung für sich selber zu übernehmen, und dazu gehört es, als Erstes die eigene Lebenssituation so anzunehmen, wie sie gerade ist.

Worum geht es dabei genau? Statt wie gewöhnlich nur das zuzulassen und annehmen zu wollen, was uns angenehm ist, geht es hier darum, einfach alle Empfindungen und Gefühle sowie Wünsche, Bedürfnisse und sonstige innere Reaktionen zuzulassen. Und zwar ohne diese Aspekte zu bewerten und zunächst auch ohne etwas verändern zu wollen. Auch wenn dabei früher oder später Dinge auftauchen, die uns weniger angenehm sind, beispielsweise Unzufriedenheit oder Frust, Ärger, Wut oder Angst. Es ist sehr wichtig, diese Empfindungen zuzulassen, sie auszuhalten, ja, in gewisser Weise sie sogar zu würdigen, denn sie haben eine ganz wichtige Funktion, sie sind ein natürlicher und oft sehr notwendiger Ausdruck unserer Seele oder Psyche. Außerdem verliert vieles von dem, wovor wir uns fürchten, seine manchmal furchterregende Bedrohung, wenn wir uns ihm zuwenden, es anschauen können, ohne wegzulaufen. Wenn wir dagegen vor unseren Ängsten davonlaufen, werden sie häufig immer größer und gewinnen immer mehr Macht über uns.

In einem der »Mondsteinmärchen« von Roland Kübler[3] muss der Held auf dem Weg zu seinem Ziel mehrere Prüfungen bestehen. Unter anderem muss er ein Höhlenlabyrinth durchqueren. Plötzlich merkt er, dass er in den Höhlengängen verfolgt wird, und als er sich umdreht, stellt er mit Schrecken fest, dass die sogenannten Schattenwölfe hinter ihm her sind. Von ihnen wird berichtet, dass sie bisher jeden Menschen zu Tode gehetzt hätten. Sofort läuft der Held los und versucht vor ihnen zu fliehen, doch je schneller er auch läuft, umso näher rückt das Rudel der Wölfe. Schon hört er ihr Schnaufen und Jaulen, sie sind ihm dicht auf den Fersen, als er plötzlich über einen Stein stolpert und zu Boden stürzt. Nun ist es um mich geschehen, nun werden sie gleich zubeißen und mich in Stücke reißen, denkt er. Doch die Wölfe stehen in einem Meter Entfernung still und starren ihn mit ihren roten, fürchterlichen Augen an. Im selben Moment bemerkt er, dass er unmittelbar vor einem Abgrund zu Fall gekommen ist. Noch ein paar Schritte weiter und er wäre in eine tiefe Schlucht gestürzt und unten auf dem Felsen zerschellt. Noch immer bewegen sich die Wölfe nicht. In seiner Verzweiflung rafft er sich auf und geht, einen Schritt auf das Rudel zu, das zu seiner großen Verwunderung ebenfalls einen Schritt zurückweicht. Mit dem Rest seines Mutes wagt er es, immer entschiedener auf sie zuzugehen, und immer schneller weichen auch sie zurück. Als er schließlich auf sie zuläuft, drehen sie sich um und ergreifen die Flucht, bis sie völlig verschwunden sind. Am Ausgang des Labyrinths trifft er später auf einen alten, weisen Mann, dem er sein Erlebnis erzählt. Da lächelt dieser und sagt: »Die Schattenwölfe waren nichts als deine eigenen Ängste. Nur wenn du vor ihnen flüchtest, haben sie Macht über dich und können dich zu Tode hetzen. Sobald du sie anschauen kannst und ihnen entgegentrittst, können sie dir nichts mehr anhaben und verschwinden.«

Mit vielen Ängsten und negativen Aspekten in uns verhält es sich ähnlich wie mit den Schattenwölfen: Wenn wir bereit sind, sie zuzulassen, auszuhalten, anzuschauen und ihnen entgegenzutreten, verlieren sie ihre Macht und Bedrohung, häufig sogar erstaunlich schnell. Und je öfter Sie den Mut dazu aufbringen und diese Erfahrung machen, desto leichter wird es Ihnen auch fallen, desto mehr verlieren Sie dann auch die Angst vor der Angst und lernen anzunehmen und zuzulassen, was auch immer in Ihnen aufsteigt. Denn die eigentliche Misere, der tiefe Sumpf entsteht meist nur aus unserer Angst und Ablehnung heraus.

Gleichzeitig nehmen häufig auch die Zuversicht und Kraft in uns zu sowie eine gelassene innere Freiheit, aus der sich dann der Weg zur Lösung entfaltet. Außerdem können in manchen Fällen die abgelehnten Lebensaspekte sogar zu einer bereichernden Erfahrung führen. Beispielsweise kann man im vorher gefürchteten und gemiedenen Alleinsein nun plötzlich mehr zu sich selber finden, ja, sich dabei sogar wohlfühlen. Vielleicht wird man, den Verlust äußerer Anerkennung annehmend, freier für eine unabhängige Lebensweise. Oder man geht, die Möglichkeit des eigenen Versagens zulassend, entspannter, oft auch gnädiger und verständnisvoller mit anderen um, wenn diese mal »gescheitert« sind. Und immer kann Ihnen die zusätzliche Frage weiterhelfen: »Was kann ich aus dieser Situation, so verfahren und schmerzvoll sie auch sein mag, lernen? Wofür kann mir diese Erfahrung vielleicht im Leben dienen? Welches ist gewissermaßen der positive Begleiteffekt dessen, was geschehen oder schiefgelaufen ist?« – Es kann sein, dass Sie dies sehr schnell erkennen und Ihnen der Prozess des Annehmens dadurch leichter fällt. Es kann aber auch sein, dass sich dies erst nach einiger Zeit offenbart. Doch fast immer zeigt sich, wozu etwas gut war.

Die Kunst besteht also darin, im Prozess des Annehmens auch die unangenehmen Gegenreaktionen anzunehmen. Denn wirkliche Annahme erfordert nun mal auch das Zulassen scheinbarer Widersprüche. Und vielleicht machen auch Sie die Erfahrung, die in dem Satz zum Ausdruck kommt, den mir eine weise Freundin in einer sehr schwierigen Phase meines Lebens zukommen ließ: »Wie leicht wird das Leben, wenn wir den Widerstand aufgeben und gut mit dem sind, was ist.«

Und um es nochmals zu betonen, das prinzipielle Annehmen einer bestimmten Situation bedeutet keinesfalls, dass Sie nicht trotzdem aktiv werden können, um die Situation zum Besseren zu verändern – im Gegenteil. Wenn Sie im Sumpf stecken, geht es nicht darum, aufzugeben und sich vorzumachen, dass es o.k. ist, von Schlamm umgeben zu sein. Sie akzeptieren einfach, dass Sie in den Sumpf geraten sind, ohne mit sich oder anderen zu hadern, es ist einfach so ... um dann alle Kräfte zu aktivieren, wieder aus ihm herauszukommen, verbunden mit der inneren Gewissheit, *dass* Sie da wieder herauskommen und die Situation verbessern werden. Es geht also um die innere Haltung, um die Frage, ob Sie entweder aus dem Annehmen-Können der Dinge, wie sie eben sind, in eine positive Aktion übergehen oder ob Sie aus innerem Widerstand, aus Wut, Frust oder gar Verzweiflung handeln, also rein negativ agieren. Und dieser Unterschied macht sich meist nicht nur psychologisch bemerkbar, sondern auch körperlich. Menschen, die infolge von Ablehnung und Widerstand nur negativ agieren, sind in der Regel auch wesentlich verspannter, verkrampfter und körperlich verhärteter. Annehmen und aktiv werden, um etwas zu verändern, sind also durchaus miteinander vereinbar, ja, man könnte, so widersprüchlich es auch klingen mag, von einer »annehmenden Veränderung« der Dinge sprechen.

Verändern

Ja, natürlich geht es jetzt darum, eine missliche Situation zu verbessern, Probleme zu lösen, sich ganz am eigenen Schopf aus dem Sumpf zu ziehen ... also etwas zu verändern. Und wenn Sie die ersten beiden Schritte bewusst gegangen sind, also wirklich *wahrgenommen* haben, was bei Ihnen abläuft, und zunächst *angenommen* haben, dass dies nun mal so ist, dann sind die Veränderung und Lösung der Situation, soweit beides überhaupt noch erforderlich ist, wesentlich einfacher und können entspannt und gelassen geschehen. Vor allem aber mit Behutsamkeit und in kleinen Schritten.

Und seien Sie sich bitte bewusst: Es gibt immer zwei »Schrauben«, an denen Sie drehen können, also zwei Ansatzpunkte, sich am Schopf aus dem Sumpf zu ziehen und etwas zu verändern: eine äußere und eine innere. Manchmal ist es wirklich erforderlich, in der Außenwelt zu handeln und etwas zu verbessern, zum Beispiel die Wohnung zu entrümpeln und aufzuräumen oder sich im Fitnessstudio anzumelden und regelmäßig hinzugehen, manchmal genügt es aber auch, die innere Einstellung zu verändern, die Perspektive zu verändern, mit einer anderen Haltung und Wachsamkeit seiner Arbeit nachzugehen. Im Folgenden finden Sie zehn unterschiedliche Möglichkeiten hierzu, gewissermaßen zehn verschiedene Arten, sich am Schopf aus dem Sumpf zu ziehen, je nachdem, wo bei Ihnen der Schuh drückt, wo eine Veränderung Ihrer Lebenssituation ansteht. Keinesfalls geht es darum, diese alle umzusetzen. Betrachten Sie sie eher wie eine Art »psychologisches Buffet«. Sie räumen ja bei einem Buffet ja auch nicht alles ab, was der Gastgeber aufgetischt hat, sondern nehmen sich lediglich das, was Ihren Bedürfnissen und Ihrem Appetit entspricht, was Ihnen guttut. Erlauben Sie sich also, mit den verschiedenen Möglichkeiten des »Sumpfmanagements« ähnlich umzugehen. Wählen Sie aus der folgenden Übersicht wie aus einer Speisekarte das aus, was bei Ihnen im Moment am meisten ansteht, lesen Sie die betreffenden Passagen, und setzen Sie diese dann behutsam in Ihrem Leben um. Natürlich können Sie auch einfach dem Aufbau des Buches folgen und chronologisch weiterlesen und darauf achten, wovon Sie sich angesprochen fühlen und was Sie für sich umsetzen wollen. Am Ende jeder Schopfstrategie haben Sie die Möglichkeit, sich die für Sie wichtigsten Informationen zu notieren, Anregungen für Ihren Alltag festzuhalten oder eigene Gedanken dazu aufzuschreiben.

Viel Erfolg! Packen Sie sich am Schopf und ziehen Sie sich aus dem Sumpf ... um mit der Zeit immer freier und erfüllter zu leben!

Das besondere Sumpfmanagement
in zehn Schritten

1.
Wechseln Sie die Perspektive

2.
Sorgen Sie für sich

3.
Räumen Sie auf

4.
Managen Sie Ihren Stress

5.
Nutzen Sie die Zeit

6.
Konzentrieren Sie sich

7.
Kommen Sie in den Fluss

8.
Bewegen Sie sich

9.
Engagieren Sie sich

10.
Lernen Sie richtig hören und sprechen

Wechseln Sie die Perspektive

Einer Versuchsgruppe wurde ein Blatt mit zehn einfachen Rechnungen vorgelegt. Darauf stand u. a.:
$12 + 7 = 19$; $26 − 4 = 22$; $5 + 8 = 13$; $37 − 5 = 33$.

Die Frage an die Teilnehmer lautete: »Fällt Ihnen an diesem Blatt etwas auf?« Alle, ausnahmslos alle antworteten spontan: »Da ist eine Rechnung falsch: $37 − 5 = 32$!« Keiner kam auf die Idee zu sagen: »Da sind neun Rechnungen richtig.«

Das ist eine Haltung, mit der sehr viele Menschen (ich selbst übrigens auch oft) in ihrem Sumpf sitzen – ja, sich dadurch sogar erst richtig hineinbringen. Sie wachen morgens auf, und das Erste, worauf sich die Gedanken automatisch richten, ist irgendein ungelöstes Problem vom Vortag. Es ist wie eine Art automatisches Fehlerscreening – wir suchen unser Leben ab nach den Aspekten, die einfach nicht funktionieren, die nicht unseren Vorstellungen entsprechen, die falsch und fehlerhaft sind. Dabei hat dieses Vorgehen durchaus einen sehr wichtigen und positiven Effekt: Es garantiert unser Überleben. Auf jedes Gefahrensignal reagieren wir schneller und stärker als auf erfreuliche Dinge – nur so können wir uns sofort in Sicherheit bringen. Das Problem ist nur, dass das, was einmal ein Überlebensmechanismus war (und heute – zum Beispiel im Straßenverkehr – immer noch ist), leider keinen positiven Einfluss auf unser Gefühl der Zufriedenheit und Lebensfreude hat. Denn während sich die Gedanken auf das eine Problem richten, vergisst man völlig, dass da noch neun andere Dinge positiv zu bewerten sind: Sie selbst sind gesund, haben eine gesunde Familie, einen Beruf, der Ihnen Freude macht, Sie haben Freunde, genug zu essen, ein Haus in einem Wohlstandsland ohne Krieg oder Diktatur und so weiter. Dies muss man sich tatsächlich immer wieder erst aktiv bewusst machen, sonst richtet sich der Focus der Aufmerksamkeit fast nur noch auf die Dinge, die nicht stimmen.

Ein gutes Mittel, um diesem Fehlerscreeningmodus zu entkommen, ist das Danken. Danken verbessert tatsächlich die Perspektive. Machen Sie sich immer wieder die Dinge bewusst, die in Ihrem Leben in Ordnung sind, für die Sie dankbar sein können. Danken ist in vielen Situationen eine hochwirksame Zugtechnik am Schopf. Und vorbeugend kann bewusste Dankbarkeit verhindern, dass Sie überhaupt erst in den Sumpf der Unzufriedenheit und des Selbstmitleids hineingeraten. Schalte ich meinen inneren Fokus von »Was läuft falsch, was fehlt?« um auf »Was läuft richtig, was ist gut?«, kann ich die Balance zwischen Anspruchs- und Wunschdenken einerseits und Zufriedenheit und Dankbarkeit andererseits wiederherstellen. So wirkt Dankbarkeit als eine der wichtigsten Ressourcen für unser seelisches Gleichgewicht.

Danken hat eine unmittelbare Wirkung auf unsere psychische Verfassung:

o Danken erweitert unsere Sicht der Wirklichkeit. Wenn ich mir bewusst mache, wie viele positive Aspekte und Dinge es in meinem Leben gibt, ersetze ich gewissermaßen mein inneres Teleobjektiv, das die Defizite in meinem Leben ganz nah heranholt, durch ein Weitwinkelobjektiv, mit dem ich auch all das wahrnehme, was in Ordnung ist. Das Problem ist damit nicht aus dem Blickfeld verschwunden, aber es relativiert sich und wird in seiner Bedeutung in Bezug gesetzt zu den vielen anderen Dingen, die in meinem Leben stimmen. Auf diese Weise verhindert Danken auch, dass ich nur noch um mich selber und meine Probleme kreise.

○ Wenn ich an etwas denke, wofür ich dankbar sein kann, entsteht automatisch vor meinem inneren Auge das entsprechende Bild dazu. Dieses positive Bild, beispielsweise von einem geliebten Menschen, einem bevorstehenden schönen Ereignis oder einem erreichten Erfolg, bewirkt ebenso automatisch ein positives Gefühl in mir, verbunden mit einer entsprechend großen oder kleinen Endorphinausschüttung im Gehirn, je nachdem, wie stark die Freude ist, die in mir dabei aufkommt.

Danken hat unmittelbare positive Auswirkungen auf unser Wohlbefinden, was sich auch in Forschungsergebnissen niedergeschlagen hat:

○ Dankbare Menschen sind weniger anfällig für Depressionen und können mit Stresssituationen besser umgehen.

○ Sie können negative Ereignisse und Schicksalsschläge besser verarbeiten.

○ Die Versuchspersonen, die sich regelmäßig notierten, wofür sie dankbar waren, realisierten im Laufe von zwei Monaten mehr Lebensziele als diejenigen, die das nicht machten.

○ Dankbare Menschen verhalten sich sozialer und engagieren sich häufiger im sozialen Bereich durch Geldspenden oder ehrenamtliche Tätigkeiten.

Und so können Sie Ihre Perspektive durch Danken verändern:

Nehmen Sie sich ein Blatt Papier, Ihr Tagebuch oder auch Ihr Notebook und eine halbe Stunde Zeit, und notieren Sie alles, wofür Sie in Ihrem Leben dankbar sein können. Alles, was in Ordnung ist, was positiv ist, worüber Sie sich freuen können. Gehen Sie die verschiedenen Bereiche in Ihrem Leben durch: Ihre Gesundheit, Ihren Beruf, Erfolge, Eigenschaften und Fähigkeiten, über die Sie verfügen, Wohlstand, Familie und Freunde, Ihre Vergangenheit, Gefahren, vor denen Sie bewahrt wurden, materielle und immaterielle Dinge, das Land, in dem Sie leben, bevorstehende Ereignisse und vieles mehr. Vielleicht werden Sie erstaunt sein, was Ihnen dazu noch alles einfällt. Und achten Sie bitte auch darauf, welches Gefühl Sie beim Aufschreiben haben.

Eine weitere Möglichkeit besteht darin, dass Sie sich jeden Morgen an Ihren Fingern zehn Dinge aufzählen, für die Sie schon zu Tagesbeginn dankbar sein können. Das mögen grundsätzliche Dinge sein, die nahezu täglich bei Ihrer Aufzählung wiederkehren – wie die Familie, die erfüllende Arbeit oder Ihre Gesundheit –, genauso wie bevorstehende Ereignisse, das schöne Wetter oder der gute Schlaf der vergangenen Nacht. Wann Sie ein solches Zehn-Finger-Ritual praktizieren, bleibt Ihnen überlassen: gleich nach dem Aufwachen oder beim Morgenlauf, unter der Dusche oder vielleicht auch erst auf dem Weg zur Arbeit. Optimalerweise wiederholen Sie es aber immer zum gleichen Zeitpunkt. Natürlich können Sie dieses Zehn-Finger-Ritual auch am Abend praktizieren – als Tagesinventur sozusagen.

Abstand gewinnen

»Ein bisschen rauskommen – Tapetenwechsel – mal Abstand gewinnen.« Das sind so die Satzfetzen, die man manchmal in Unternehmenskantinen und auf Firmenfluren im Vorübergehen aufschnappen kann. Abstand gewinnen: Demjenigen, der aus dem Sumpf heraus will, zu empfehlen, doch »einfach« ein wenig Abstand zu gewinnen, mag in der Tat ein naheliegender Gedanke sein. Als Problem könnte sich dabei erweisen, dass der Sumpf eine recht klebrige Konsistenz hat. Wer tief drin steckt, für den mag es so aussehen, als ob er einen überhaupt nicht mehr loslassen wird. Und dieser

Eindruck kann uns von manchmal ganz einfachen, manchmal aber auch lebensrettenden Erkenntnissen abhalten.

Es kursiert in der Ratgeberliteratur eine oft erzählte, ein wenig plakative und doch ganz erhellende Geschichte. Sie handelt von einem Huhn, das wie wild vor einem hohen Bretterzaun auf- und abfliegt und hin- und herrennt, immer auf der Suche nach einer Möglichkeit, auf die andere Seite zu gelangen – denn dort befindet sich das Futter. Das geht eine ganze Zeit so, aber irgendwann ist das Huhn erschöpft, gibt auf und verhungert. Dabei wäre die Lösung so naheliegend gewesen und war doch so fern: Das Huhn hätte sich nur ein wenig vom Bretterzaun entfernen müssen, dann hätte es erkannt, dass der Zaun keine unüberwindbare Grenze darstellt, sondern schon nach zehn Metern endet … Der Weg zum Futter führte also über eine Zwischenstation: Abstand gewinnen.

In unserem Alltag sind wir diesem Huhn oft gar nicht so unähnlich. Wir agieren – bitte verzeihen Sie dieses sprachliche Bild, aber es drängt sich gewissermaßen auf – ein bisschen wie Sumpfhühner. Wir treten und rudern und paddeln und strampeln – und sinken doch oft immer tiefer ein in den Sumpf unserer Probleme.

Der Volksmund sagt: »Wir müssen uns von den Dingen lösen, um Lösungen zu finden.« Distanz zu den Dingen, insbesondere zu den Angelegenheiten, die uns negativ beeinflussen, kann eine der besten Methoden sein, kraftvoll am eigenen Schopf zu ziehen. Wer Überblick und Durchblick hat, kann schneller geeignete Lösungen finden – und erkennt vielleicht, dass der Sumpf, in dem er steckt, gar nicht so groß ist und es sogar ein tragfähiges Ufer in erreichbarer Nähe gibt.

So gewinnen Sie Abstand

Die Erkenntnis aus der Sumpfhuhngeschichte lautet wie folgt: Die Lösung ist oft ganz naheliegend und einfach. Und so ist es auch mit dem Abstandgewinnen. Das mag am Anfang schwierig aussehen, aber es gibt ein paar sehr wirksame und alltagstaugliche Methoden. Abstand kann man nämlich nicht nur – wie unser Sumpfhuhn – räumlich gewinnen, sondern auch in zeitlicher Hinsicht. Und schließlich können Sie auch innerlich auf Abstand gehen.

Aber der Reihe nach.

o *Räumlicher Abstand:* In einer schwierigen Lebenssituation oder konfrontiert mit einem Problem kann es helfen, einfach wegzufahren, an einen anderen Ort, an dem man mit etwas Distanz zur Ruhe kommt. Die neue Umgebung kann oft neue Impulse und Erkenntnisse bringen, die Emotionen treten ein wenig in den Hintergrund, und auch wenn das zurückgelassene Problem noch das gleiche ist, kann man dann souveräner damit umgehen. Dass räumlicher Abstand sinnvoll und inspirierend wirkt, mag einer der Gründe sein, warum viele Firmen mit ihren Mitarbeitern regelmäßig Visions- oder Teamtage in einem Hotel an einem anderen als dem Firmenort durchführen, weil die Distanz zur Alltagsumgebung wie ein Katalysator wirken kann.

Aber die Methode einer räumlichen Veränderung wirkt nicht nur bei großen Problemen. Auch für die vielen kleinen Alltagssümpfe ist Abstand ein probates Mittel: Wenn ich beispielsweise im Büro am Schreibtisch sitzend telefonisch eine ärgerliche Nachricht erhalte, dann hilft es mir manchmal, wenn ich nur aufstehe, mich einige Meter von meinem Arbeitsplatz entferne und mir die ganze Szene noch einmal von außen anschaue, wie in einem Film. Diese kleine örtliche Veränderung (die man am besten als eine Art innerer Dissoziation beschreiben kann) reißt mich etwas aus meinen negativen Emotionen heraus, und ich kann anschließend mit klarerem Kopf reagieren. Ein kurzer Spaziergang an der frischen Luft mag eine noch stärkere Wirkung haben, aber manchmal (zum Beispiel in einem geschäftlichen Meeting) ist ein Spaziergang ja auch etwas unpassend. Gestatten Sie sich dann einfach, einen Schritt beiseite oder zurückzutreten! Das wird Ihr Gesprächspartner vielleicht gar nicht richtig wahrnehmen – aber für Sie ist es angewandte Anti-Sumpfstrategie.

○ *Zeitlicher Abstand:* »Zeit heilt Wunden«, sagt ein altes Sprichwort. Und dann heißt es auch noch, es lohne sich häufig, eine Sache erst einmal zu »überschlafen«, bevor man eine Entscheidung trifft. So manches sieht am nächsten Morgen nur noch halb so wild aus, viele Emotionen lösen sich im Schlaf auf, und spätestens nach ein paar Tagen ist der Dampf raus. Hat man genügend zeitlichen Abstand gewonnen, dann wundert man sich manchmal vielleicht sogar, warum man sich über eine Sache überhaupt so aufregen konnte – je nach Intensität des Ereignisses mag das nach Tagen, Wochen, Monaten oder auch erst nach Jahren der Fall sein. Doch fast immer hat die zeitliche Distanz eine heilende Wirkung. Können Sie sich noch an Ihren ersten Liebeskummer erinnern? Schien damals der Sumpf nicht unendlich tief zu sein? Und heute lächeln Sie wahrscheinlich weise darüber.

○ *Innerer Abstand:* Mit dieser Methode gewinnen Sie möglicherweise die größte Unabhängigkeit – denn Abstand lässt sich auch rein mental gewinnen. Dazu müssen Sie weder Ihren Standort verändern noch Zeit ins Land gehen lassen – auch wenn die beiden Faktoren Raum und Zeit wieder eine Rolle spielen.

Statt tatsächlich äußerlich den Standort zu verändern, können Sie beispielsweise für ein paar Minuten die Augen schließen und das Erlebte von außen, wie auf einem Bildschirm, Revue passieren lassen. Gehen Sie in Gedanken nochmal zum Anfang des Geschehens zurück, bringen Sie sich die einzelnen Etappen in Erinnerung, lassen Sie einen inneren Film ablaufen wie ein Regisseur, der Szene um Szene abdreht. Wichtig ist, dass Sie sich dabei mit etwas Abstand betrachten können, ohne am Geschehen selbst als Akteur teilzunehmen. Man nennt das die Technik innerer Dissoziation, weil Sie sich so gewissermaßen von Ihren Emotionen trennen. Diese Methode funktioniert vor allem deshalb, weil es sehr schwierig ist, als dissoziierter Beobachter (sei es auch nur mit gedachtem Abstand) gleichzeitig die Emotionen, die mit dem Erlebnis verbunden sind, nachzuempfinden. So erlangen Sie innerlich eine heilsame neutrale Distanz und können mit Ihrem Sumpfproblem klarer umgehen.

Noch stärker kann es wirken, gedanklich in die Zukunft zu gehen und sich kurz zu fragen: Welche Bedeutung wird dieses Geschehen, das mich im Augenblick so aufwühlt, in einem Jahr noch haben? Wie werde ich wohl dann darüber denken? Oder, wenn das nicht genügt, in zehn Jahren. Aber in vielen Fällen reicht schon ein kurzer Sprung in die Zukunft von nur einem Monat oder gar einer Woche. So können Sie die zeitliche Distanz, ohne lang abzuwarten, auch rein mental erreichen – alles nur, um sich in der Gegenwart aus dem Griff des Sumpfes zu befreien und dadurch besser und mit klarerem Kopf handeln zu können.

Eine hervorragende Methode, um innerlich Abstand von etwas Ärgerlichem zu bekommen, ist übrigens Humor –

und zwar der in eigener Sache. Je eher Sie über sich selbst oder eine widrige Situation lachen können, umso gelöster wird Ihr Leben und umso besser werden Sie unerwartete Missgeschicke meistern können. In vielen Fällen mag das freilich gar nicht leichtfallen, besonders, wenn etwas richtig schiefgelaufen ist. Sich zu ärgern, wäre dann die normale Reaktion. Sie können aber auch andere Möglichkeiten trainieren: Gehen Sie zunächst äußerlich auf Abstand, gehen Sie tatsächlich ein paar Schritte weg, schauen Sie sich selber in Gedanken von außen zu und versuchen Sie, über sich und Ihre »Tragödie« zu lächeln. Auch wenn Ihnen am Anfang gar nicht zum Lachen zumute ist. Vielleicht entdecken Sie tatsächlich eine witzige Perspektive. Oder Sie sagen sich innerlich: »Wenn ich mich jetzt richtig aufrege und stark schimpfe, wird alles gleich viel besser!« Die Absurdität dieses Gedankens hat schon manchen zum Schmunzeln gebracht – sogar angesichts einer über den Akten ausgeschütteten Kaffeetasse. Im richtigen Tonfall kann das auch einen Streit entschärfen. Man muss natürlich aufpassen, ein solcher Schuss kann auch nach hinten losgehen, wenn man an einen gänzlich humorlosen Zeitgenossen gerät. Aber wenn man sein Gegenüber einigermaßen kennt und einschätzen kann, ist es einen Versuch wert. Also: Erst einmal Humor in eigenen Angelegenheiten trainieren, dann behutsam mit anderen!

Perspektivenänderung durch Übersetzung

Wenn der Philosoph Martin Heidegger sagt: »Die Sprache ist das Haus des Seins«[4], dann hatte er dabei wahrscheinlich eher keinen Sumpf vor Augen, aber so manches Mal spiegelt sich in dem, was wir sagen, der Sumpf, in dem wir sitzen, recht gut wider. Oft verrät sich die Perspektive, die wir zu einer Sache, einem Vorhaben einnehmen, in der Wahl unserer sprachlichen Mittel. Und da fällt eben auf, dass eines der am häufigsten gebrauchten Wörter das Wörtchen »müssen« ist. Wir »müssen« ziemlich viel: Wir müssen früh aufstehen, müssen arbeiten, müssen zu Mittag essen, müssen die Kinder von der Schule abholen, müssen dann noch ins Konzert gehen, müssen sogar schlafen, viele von uns müssen ihren Jahresurlaub noch nehmen, und dort müssen sie sich dann erholen. Könnte es sein, dass bei so viel »Muss« manchmal ein Gefühl der Erschöpfung und des Überdrusses entsteht? Wir werden an vielen dieser Dinge nichts ändern können. Aber wir können immerhin unsere Einstellung, unsere Perspektive dazu ändern. Denn die Wahl unserer Worte beeinflusst nicht nur unsere Gedanken und unsere Sicht der Dinge, sondern gleichzeitig auch unsere Gefühle. Wer seine Vorhaben ständig als etwas bezeichnet, was er tun muss, empfindet das Tun dann wohl eher als Pflicht denn als eine Erfüllung von Anforderungen anderer gegenüber. Das Leben scheint dann arm an Wahlmöglichkeiten zu sein.

Aber aus diesem Sumpf gibt es ein Entrinnen. Der Unterschied mag marginal erscheinen, aber es ist den Versuch wert: Sagen Sie nicht mehr, was Sie tun müssen, sondern was Sie tun *dürfen* oder *wollen* oder *möchten*. Diese scheinbar minimale Verschiebung gestattet den Wechsel vom Zwang zur Freiwilligkeit, Sie tun nichts mehr, weil Sie müssen, sondern aus freier Entscheidung und unter Zugrundelegung eigener Prioritäten. Wer sagt: »Ich möchte morgen meine Steuererklärung machen«, der wird dies morgen immer noch selbst erledigen müssen, aber eben nicht aus einem gefühlten Zwang heraus, sondern als Folge einer eigenen Wahl. Wechseln Sie also die »Etiketten«, sagen Sie in Zukunft statt »ich muss«, »ich müsste«, »ich sollte« lieber »ich will«, »ich möchte«, »ich kann«, »ich werde« oder »ich darf«. Und glauben Sie mir, das ist keine Augenwischerei, das ist kein »Placebo forte«. Es wirkt wirklich! Probieren Sie es einfach aus.

Perspektivenwechsel durch Rahmenwechsel

Eine weitere Möglichkeit, die Sichtweise auf den Sumpf zu ändern, besteht darin, ihn zu belassen, wie er ist, ihn aber in eine neue Umgebung einzupassen, ihm also einen neuen Rahmen zu geben. Das ändert natürlich nichts am Problem an sich, verändert aber mit der Sichtweise auch das Erleben der entsprechenden Situation. Diesem Mechanismus liegt die Erkenntnis zugrunde, dass ein Ereignis an sich ja zunächst einmal bedeutungsneutral ist. Empfinden wir es dennoch als belastend, dann liegt das an der Bedeutung, die wir der Sache beimessen. So können wir an dieser Bedeutung leiden – wir können aber auch versuchen, die Bedeutung so zu verändern, dass wir trotz aller negativen Aspekte, die wir zunächst einmal wahrnehmen, etwas Positives in dem Ereignis sehen. Angenommen, Sie haben es in Ihrer Wohnung gerne ordentlich und aufgeräumt. Nun stört es Sie, dass anlässlich eines Besuches von Freunden viel Unordnung herrscht. Dann können Sie natürlich in Ihrem Ärgersumpf sitzen bleiben und die viele Arbeit, die vor Ihnen liegt, beklagen. Sie könnten aber auch versuchen, die Unordnung in einen neuen Rahmen zu stellen. Wenn Sie sie nicht mehr als einen Vorboten von viel Arbeit, sondern als Zeichen der Anwesenheit von geliebten Menschen sehen, dann ändert das noch nichts daran, dass Sie hinterher aufräumen werden. Aber im Moment bietet sich damit eine Gelegenheit, sich am Schopf zu packen und aus dem belastenden Ärgersumpf herauszukommen – und die Anwesenheit der Freunde vielleicht sogar zu genießen.

Diese Methode kann auch bei persönlichen Eigenschaften funktionieren, die Ihnen vielleicht oftmals hinderlich oder störend erscheinen. Wer zum Beispiel immer wieder darunter leidet, dass er zu perfektionistisch ist, alles dreimal kontrollieren muss und immer doppelt nachsieht, ob der Herd aus ist, der kann diese Eigenschaft auch in einen neuen Kontext stellen und sie positiv bewerten: Wer mich beauftragt, eine Sache zu organisieren, kann sich darauf blind verlassen, schließlich kümmere ich mich um alles 170-prozentig. Und meine Wohnung wird auch nie ausbrennen, nur weil ich den Herd angelassen habe.

Vom Segen des Programmwechsels

Und schließlich noch ein weiterer psychologischer Sumpf-Trick: Wem das aktuelle Fernsehprogramm nicht gefällt, der greift zur Fernbedienung und schaltet um. Die Auswahl unter Dutzenden von Programmen lässt einen meist irgendetwas Passendes finden. Und wer schon mal die Berichte über ein und dieselbe Nachricht auf unterschiedlichen Kanälen verfolgt hat, bekommt je nach Schwerpunktsetzung oft ganz unterschiedliche Perspektiven von dem Ereignis vermittelt. Das Programm entscheidet also häufig über die Perspektive. Einen solchen programmabhängigen Perspektivenwechsel können Sie aber nicht nur beim Fernsehen vornehmen. Er lässt sich auch innerlich durchführen – als eine Art inneres Zappen gewissermaßen.

Vor Jahren verbrachte ich den Urlaub mit meiner Familie am Meer. Wie Familienurlaube manchmal so sind: Es war nicht ganz unanstrengend, die Kinder hatten deutlich mehr Energie als der Papa, und nach zahlreichen Sandburgen und Ballspielen freute ich mich auf die eine halbe Stunde am Abend, die ich mir ausbedungen hatte: Ich, ganz allein mit einem Buch am Meer (die große Masse der lieben Miturlauber drängelte sich schon an den Hotelbuffets und die paar

Strandläufer, die um diese Zeit noch unterwegs waren, würden mich schon nicht stören).

Nein, die Strandläufer störten mich nicht. Ich saß aber noch gar nicht so richtig, da nahte ganz anderes Unheil: eine Hochzeitsgesellschaft, so circa 30 Leute, die das romantische Sonnenuntergangspanorama für ihre Fotos nutzen wollten. Sie hatten den ganzen Strand zur Verfügung, in die eine Richtung ein paar Kilometer, in die andere auch nicht weniger, wir hätten an diesem Abend wirklich überhaupt nichts miteinander zu tun haben müssen – aber sie stellten sich genau zwischen meinen Liegestuhl und das Meer. Es schien sie überhaupt nicht zu stören, dass ich hier saß, meine Ruhe haben und den Sonnenuntergang genießen wollte – sie schienen mich nicht einmal zu bemerken. Es war – und davon war ich zu diesem Zeitpunkt zutiefst überzeugt – einfach eine Unverschämtheit, was sie mir da zumuteten, ich hatte jede Berechtigung, mich darüber aufzuregen, war das doch die einzige halbe Stunde, die ich an diesem Tag für mich hatte. Ich saß also tief in meinem Ärgersumpf. In Gedanken ging ich die Möglichkeiten durch, die mir blieben: Ich könnte meinem Ärger Luft machen und auf das Angriffsprogramm umschalten, also versuchen, sie zu verscheuchen. Angesichts der Kräfteverhältnisse erschien mir das allerdings – trotz allen Ärgers – eher unvernünftig und wenig Erfolg versprechend zu sein. Flucht wäre auch eine Alternative gewesen – aber ich war immerhin zuerst da und ich hätte einen Teil meiner halben Stunde für den Standortwechsel drangeben müssen. Das kam nicht infrage. So wechselte ich in Gedanken also von Programm zu Programm: Ärger, Angriff, Flucht … schließlich entdeckte ich aber noch eine andere Sichtweise: das »Wunderprogramm«. Ich wunderte mich einfach: »Ist es nicht verrückt: Da will ich eine halbe Stunde am Tag meine Ruhe haben, und ausgerechnet da kommt diese Hochzeitsgesellschaft? Sie haben den ganzen Strand zur Verfügung – und kommen ausgerechnet zu mir? Absurd! Beinahe schon zum Lachen.« Und tatsächlich, als ich an dieser Stelle angelangt war, schmunzelte ich zumindest innerlich (äußerlich wollte es mir noch nicht so recht gelingen). Ich war vom Wunder- zum Humorprogramm gelangt. Und da wurde mir auf einmal klar: Ich hatte die Wahlfreiheit zwischen den Programmen: Ob ich beim Ärgerprogramm blieb oder umschaltete auf das Wunder- oder sogar Humorprogramm lag letztlich nur bei mir. Und mit der Erkenntnis dieser Wahlfreiheit kehrte dann endlich auch ein bisschen innere Ruhe ein, die ich mir ja eigentlich von dieser halben Stunde erhofft hatte. Und so hatte die Hochzeitsgesellschaft sogar noch etwas Positives bewirkt, mehr wahrscheinlich, als mir ein paar Seiten aus meinem Buch gebracht hätten.

Probieren Sie also in Zukunft einmal einen inneren Programmwechsel, zum Beispiel vom Ärger- zum Wunderprogramm. Zappen Sie, bis Sie das richtige Programm gefunden haben, mit dem Sie sich selbst am Schopf packen können.

An dieser Stelle können Sie sich die wichtigsten Anregungen und Tipps zur Schopfstrategie »Wechseln Sie die Perspektive!« notieren:

Sorgen Sie für sich

Wenn Sie zu den Menschen gehören, die immer wieder im Leistungs- und Überforderungssumpf landen, die neben der Arbeit auch noch ständig meinen, für andere da sein zu müssen, und kaum richtig Zeit für sich selber haben … dann wird es höchste Zeit, zu lernen, für sich selber zu sorgen. Ja, Sie haben richtig gelesen: für SICH zu sorgen. Denn das kommt an erster Stelle! Ja, auch hier haben Sie richtig gelesen: an ERSTER Stelle! Erst wenn Sie wirklich gut für sich selber sorgen, können Sie auch für andere sorgen. Kaum ein Autor bringt das besser auf den Punkt, als Spencer Johnson in seinem kleinen Buch »Eine Minute für mich«. Ein Muss für alle, die im oben genannten Sumpf stecken. Wer glaubt, zuerst für andere sorgen zu müssen, schreibt Johnson, sei wie jemand, der den Karren vor das Pferd spannt. Sie aber sind das Pferd, die anderen und die Arbeit sind der Karren. Also geht es darum, zuerst für sich selber zu sorgen, und zwar ohne schlechtes Gewissen! Das ist nicht ganz leicht, denn in unserer Kindheit wurden wir meist angehalten, unsere Interessen aus Rücksicht auf andere zurückzustellen (was Teil des Sumpfes ist). Viele von uns haben mindestens zwei Grundsätze beigebracht bekommen, die uns in diesem Sumpf gefangen halten: erstens die irrtümliche Annahme, wir müssten immer zuerst an andere denken und ihnen den Vortritt lassen. Zweitens: Wir hätten es nicht verdient, uns selber etwas Gutes zu tun. Das Gegenteil ist der Fall. Schon dieser Perspektivenwechsel (!) kann Ihnen dabei helfen, dass Sie sich vielleicht immer häufiger selbst erlauben, zuerst für sich zu sorgen. Und dazu müssen Sie auch keinesfalls Ihr Leben umkrempeln – schon eine Minute mehrmals am Tag kann ausreichen. Zwischendurch immer wieder mal innehalten, unabhängig davon, was man gerade tut, sich eine Minute Zeit für sich selber nehmen, und wenn wir dabei ruhig sind, ist das eine ziemlich lange Zeit! »Eine Minute«, schreibt Spencer Johnson, »kann jedem von uns eine tiefere Dimension erschließen. Die Stille, in die du eintrittst, ist deine eigene innere Welt – dein Selbst, dein eigentliches Ich. Auch hierfür haben die Menschen zu allen Zeiten die verschiedensten Begriffe geprägt. Nenne es, wie du willst ... In jedem von uns gibt es ein Wissen darum, was eigentlich gut für uns ist. Wir müssen uns die Zeit nehmen, anzuhalten, den Überblick zu gewinnen und auf unsere innere Stimme zu hören, damit wir erkennen, was für uns persönlich das Beste ist ... Immer wieder mal eine kostbare Minute für die Begegnung mit unserem eigentlichen Ich aufzuwenden. In dieser einen Minute beginnen wir, uns selber wahrzunehmen.« Eine der einfachsten und zeitsparendsten Möglichkeiten, für sich selber zu sorgen.

Oder Sie vereinbaren mit sich selber einen Termin, mitten am Tag eine Stunde nur für Sie alleine. Diese T.I.E.S.-Methode ist ein guter Trick, sich immer wieder am Schopf aus dem Sumpf zu ziehen: Sie machen einen »Termin In Eigener Sache«! So sorgen Sie immer besser für sich selbst. Kreieren Sie sich kleine Auszeiten, kleine Entspannungsinseln im täglichen Sumpftrubel.

Die folgenden Methoden, die manchmal nur wenige Minuten in Anspruch nehmen, können Ihnen helfen, immer wieder dem Sumpf ein wenig zu entkommen.

Die kleine Sumpfflucht zwischendurch

Es muss nicht immer der starke Zug am Schopf sein, der einen aus dem Sumpf herausbringt – schon deshalb nicht, weil solche Aktionen oft selbst wieder eine Überforderung darstellen können. Wichtiger als Kraft ist die Kenntnis des richtigen Ansatzpunktes. Auch die kleinen Fluchten zwischendurch können wirksam sein, ohne allzu viel Zeit und Ressourcen zu binden. Probieren Sie aus, welche Methode am besten zu Ihnen passt und Ihnen hilft, dem Sumpf ein wenig zu entkommen.

Sumpfgymnastik

Öffnen Sie das Fenster, um frische Luft und Sauerstoff in den Raum zu lassen, stellen Sie sich vor das Fenster und machen Sie Gymnastik:

- Starten Sie zum Beispiel mit zehn bis 20 Kniebeugen.
- Laufen Sie einige Minuten auf der Stelle.
- Schütteln Sie Arme und Beine, Kopf und Schultern drei bis fünf Minuten lang aus.
- Recken und strecken Sie sich und dehnen Sie Ihren Körper.
- Falls Sie (zuhause oder in Ihrem Büro) ein Trimmrad, einen Stepper oder Hometrainer stehen haben – dann trainieren Sie damit fünf bis zehn Minuten.

Und alles ganz ruhig und langsam! Es ist weder erforderlich noch förderlich, dabei ins Schwitzen zu kommen. Ihren Kreislauf können Sie auch ohne Anstrengung aktivieren – und Sauerstoff tanken genauso!

Eine ebenso wirksame Alternative: Machen Sie zwischendurch einen Minispaziergang von zehn Minuten, möglichst flott, fast schon wie sachtes Jogging. Dies ist viel belebender, als zum Beispiel in der Stockwerksküche bei schlechter Luft den fünften Kaffee des Tages zu schlürfen. Schieben Sie eine solche Pause in Form eines kleinen Spaziergangs auch dann ein, wenn Sie sich an einem Problem festgebissen haben und nicht weiterkommen. Der kleine Perspektivenwechsel kann entscheidend zur Lösung beitragen.

Progressiv am Schopf ziehen – und dabei ganz locker lassen
Entspannungstechniken gibt es viele – die *progressive Muskelentspannung* hat den Vorteil, dass Sie ohne großen Aufwand durchgeführt werden kann, zum Beispiel auch am Arbeitsplatz. Nacheinander werden hier verschiedene Muskelgruppen des Körpers zunächst angespannt und nach einigen Sekunden wieder entspannt. Durch diesen Gegensatz von Anspannung und Entspannung der Muskeln entsteht schnell körperliches Wohlbefinden.

Im Detail:

○ Setzen Sie sich aufrecht auf einen Stuhl, strecken Sie das rechte Bein waagrecht nach vorn, ziehen Sie die Fußspitze Richtung Körper und spannen Sie alle Muskeln des Beins so fest wie möglich an. Halten Sie die Spannung fünf bis sieben Sekunden und entspannen Sie anschließend 15 bis 20 Sekunden. Wiederholen Sie die Übung einmal und machen dann dasselbe zweimal mit dem linken Bein.

○ Strecken Sie nun den rechten Arm waagrecht nach vorn, ballen Sie die Hand zur Faust, drücken Sie die Schulter nach vorn und spannen Sie den ganzen Arm an. Wieder die Spannung fünf bis sieben Sekunden halten, danach 15 bis 20 Sekunden entspannen. Auch diese Übung wiederholen Sie einmal, dann machen Sie das Gleiche mit dem linken Arm.

○ Zum Schluss den ganzen Körper anspannen, indem Sie beide Beine und Arme ausstrecken, die Schultern an die Ohren ziehen und eine feste Grimasse machen. Auch die Bauch- und Pomuskeln anspannen. Spannung fünf bis sieben Sekunden halten, entspannen und gegebenenfalls wiederholen.

Diese Strategie wirkt, ohne dass Sie aktiv etwas dazu beitragen müssen – sie wirkt gewissermaßen von selber. Was steckt dahinter? In unserem Gehirn gibt es verschiedene Frequenzen der Gehirnströme. Im normalen Alltag überwiegen die sogenannten Beta-Frequenzen von 15 bis 45 Hertz. In der Regel herrschen im Gehirn 20 bis 22 Hertz, doch je stressiger unsere Arbeit, je mehr wir gefordert werden, desto höher wird die Frequenz – und das Tragische: je höher die Frequenz, desto schlechter unsere Arbeitsfähigkeit und desto größer die Erschöpfung.

	Wellen	Buchst.	Darstellung	Hertz	Zustand
1	Beta	β	∧∧∧∧∧∧∧∧	15–45	wach/erregt
2	Alpha	α	∧∧∧∧∧∧	8–14	entspannt/wach
3	Theta	θ	∧∧∧	3,5–7	Schlaf/Tiefenentspannung
4	Delta	δ	∧∧	unter 3	Tiefschlaf/Bewusstlosigkeit

Die optimale Konzentrations- und Aufnahmefähigkeit haben wir aber nicht bei Beta-Frequenzen, sondern bei Alpha-Frequenzen von sieben bis 14 Hertz. Erfreulich ist nun, dass sich diese Alpha-Frequenzen relativ leicht erzeugen lassen. Da Ihr Gehirn auf Reize von außen mit der Kreation bestimmter Wellenmuster reagiert, können Sie durch entsprechende Musikstücke Alpha-Frequenzen im Gehirn kreieren. Die nachfolgend aufgeführten Stücke eignen sich nachweislich besonders gut zur Erzeugung von Alpha-Wellen im Ge-

hirn, ein Zustand, in dem Sie besonders entspannt, auf-
nahme- und konzentrationsfähig sind. Sollte klassische
Musik nicht so Ihre Sache sein, dann können Sie auf eine
Vielzahl speziell komponierter Entspannungsmusik zurückgreifen.

Auswahl besonders geeigneter Musikstücke
zur Erzeugung von Alpha-Wellen

Johann Sebastian Bach
O   Aria zu den Goldberg-Variationen
O   Largo aus Konzert für Klavier und Streichorchester Nr. 5 in f-Moll
O   Largo aus Konzert für Cembalo solo in F-Dur
O   Orchestersuite Nr. 3 in D-Dur (Air)

Arcangelo Corelli
O   Alle langsamen Sätze aus Concerti grossi op. 6, Nr. 1–12

Georg Friedrich Händel
O   Largo aus Konzert Nr. 3 in D-Dur (Feuerwerksmusik)

Georg Philipp Telemann
O   Largo aus Phantasien für Cembalo, Nr. 17 in g-Moll
O   Largo aus Konzert für Viola, Streicher und Basso continuo in G-Dur

Antonio Vivaldi
O   Largo aus »Winter« – Die vier Jahreszeiten
O   Largo aus Konzert in D-Dur für Gitarre, Streicher und Basso
    continuo
O   Flautinokonzert in e-Moll, op. 44, Largo

Empfehlung aus der unübersehbaren Zahl
der speziellen Entspannungsmusik

O   Michael Ramjoué: Desert Dream
O   Sandelan: Silence

Sollten Sie feststellen, dass Ihnen diese Art von »entspannter Musik« liegt, können Sie ab und an während des Arbeitens darauf zurückgreifen, die Lautstärke knapp über die

Wahrnehmungsgrenze justieren und so von einer perma-
nenten Alphawellen-Induktion profitieren (vorausgesetzt,
Ihre Arbeitssituation lässt dies zu). Man spricht dabei auch
von einer Art »Klangteppich« im Hintergrund. Sie werden
möglicherweise feststellen, dass Sie wesentlich konzentrierter und effizienter arbeiten können. Probieren Sie einfach
mal aus, ob Ihnen diese Antisumpftechnik liegt.

Luft holen nicht vergessen

Das mag banal klingen, aber: Atemtechniken bilden einen
der leichtesten Wege, in kurzer Zeit dem Überforderungssumpf ein klein wenig zu entrinnen. Wir denken an diese
naheliegende Methode nur häufig nicht, was verständlich
ist, enthält doch die Luft im Sumpfgebiet nicht selten eine
Fülle unangenehmer Gerüche, die einem schon mal den
Atem verschlagen können. Damit es trotzdem gelingt, hier
zwei vielfach erprobte Wege:

Ausgleichsatmen

Die »wechselseitige Nasenatmung« ist eine aus dem Yoga
stammende Allroundübung, die etwas Konzentration erfordert (und damit auch fördert), prinzipiell aber ganz einfach ist:

- Setzen Sie sich aufrecht.
- Verschließen Sie mit einem Finger das linke Nasenloch
  und atmen Sie tief durch das rechte ein.
- Verschließen Sie jetzt mit einem anderen Finger auch das
  rechte Nasenloch und halten Sie den Atem drei bis sechs
  Sekunden an.
- Öffnen Sie nun das linke Nasenloch und atmen Sie lang-
  sam und vollständig aus.
- Nun atmen Sie durch das linke Nasenloch ein und
  wiederholen die vorherigen Atemphasen entsprechend

(links einatmen, anhalten, rechts ausatmen, rechts einatmen usw.).

○ Fünf bis zehn solche wechselseitigen Atemzüge genügen für den Anfang. Gegebenenfalls wiederholen Sie diese Übung mehrmals am Tag.

Belebende Atmung

Um sich bei Müdigkeit und Erschöpfung schnell wieder zu beleben, genügt es, einige Minuten heftig, schnell und rhythmisch einzuatmen. Setzen Sie sich dazu aufrecht auf einen Stuhl, legen Sie die Hände auf Ihren Bauch. Dann atmen Sie – wenn möglich hörbar – durch die Nase bis in den Bauch ein und aus, in etwa so, als ob Sie ein Kaminfeuer mit einem Blasebalg entfachen wollten. Atmen Sie immer schneller und tiefer, ziehen Sie beim Ausatmen den Bauch kräftig ein. Nach etwa 20 Atemstößen pausieren, dann ein- oder zweimal wiederholen. Falls Ihnen schwindlig wird, atmen Sie einfach etwas langsamer.

Den Schopf mal ruhen lassen – aber nur kurz

Manchmal können Sie dem Sumpf auch im Schlaf ein Stückchen entkommen. Entscheidend ist bei dieser speziellen Schlaftechnik, kurz einzunicken, die sogenannte Alpha- und die Traumphase (REM-Phase) zu durchwandern, ohne dabei jedoch in die Tiefschlafphase zu geraten. Zur Regeneration genügt die Traumphase, in der das Gehirn unter anderem Alpha-Frequenzen erzeugt. Erst beim Übergang in die Tiefschlafphase kommt es zur Ausschüttung des valiumartigen Schlafhormons, das Ihnen für die nächsten Stunden das Gefühl gäbe, als hätten Sie Blei in den Gliedern.

Um dies zu vermeiden, gibt es bewährte Tricks:

○ Sie können einen Schlüsselbund in die Hand nehmen und diese mit zum Boden zeigender Handfläche über

Stuhl- oder Couchrand hängen lassen. Kurz vor Eintritt in die Tiefschlafphase erreichen Sie die maximale Entspannung, sodass Ihnen der Schlüssel aus der Hand fällt und Sie durch dessen Aufprall auf dem Boden aufwachen werden – vorausgesetzt, im Zimmer wurde kein dämpfender Teppichboden verlegt.

○ Wenn Sie bei dieser Weckmethode um das Heil Ihres Parkett- oder Fliesenbodens bangen, dann nutzen Sie wohl besser die Weckfunktion Ihres Mobiltelefons. Sie müssen dann möglicherweise bei der Weckzeit ein wenig experimentieren – 20 Minuten sind ein guter Anfangswert, aber wenn Sie den Eindruck haben, dass Sie dann schon »Blei in den Gliedern« haben (also Schlafhormone im Blut kreisen), dann reduzieren Sie die Zeit, bis Sie Ihre eigene optimale Schlafdauer kennen.

Diese Technik ist vor allem dann geeignet, wenn Sie sowieso schon mit dem Schlaf ringen, also sehr schnell einschlafen werden.

Und immer schön lächeln

Zum Schluss dieser kleinen Sumpffluchten noch etwas zur Erheiterung. Diese Methode ist Fluchthelfer nicht nur für den Überforderungssumpf. Sie wirkt auch beim Stresssumpf, beim Ärgersumpf und beim Sorgen- und Angstsumpf. Und einfach ist sie noch dazu, viel einfacher eigentlich, als sich selbst am Schopf aus einer Sache herauszuziehen – auch wenn sie zunächst einmal bei vielen genauso viel Verwunderung hervorruft wie die Schopfgeschichte meines Vorfahren. Denn man muss tatsächlich nur eine Minute lächeln. Was steckt dahinter?

Immer wenn Sie lachen oder lächeln, wird durch die Aktivierung der Lachmuskeln dem Gehirn signalisiert, dass es

Ihnen gut geht, und Ihr Gehirn produziert Glückshormone. Je mehr solcher Endorphine Sie im Körper haben, desto besser fühlen Sie sich – und umgekehrt. Dabei ist es völlig egal, ob Ihnen tatsächlich zum Lächeln zumute ist oder ob Sie nur simulieren und Ihr Lächeln eigentlich eine unnatürliche Grimasse ist. Das Gehirn fällt auch auf »künstliches« Lächeln herein. Eine Minute Lächeln genügt, um Ihre Gemütslage entschieden zu verbessern. Wenn Sie gerade nicht allein sind und die Befürchtung haben, man werde Ihre Grimasse möglicherweise falsch interpretieren, so ziehen Sie sich eben kurz zurück, notfalls auf ein »gewisses Örtchen«. Nach einer Minute wird es Ihnen wesentlich besser gehen, obwohl die Ursache Ihres Ärgers natürlich nicht verschwunden ist.

Üben Sie diese Technik doch einfach ab und zu auch ganz ohne Anlass in den ruhigeren Sumpfzeiten; Lächeln ist immer gesund.

Die Sumpf-Auszeit

Neben diesen kleinen »Mini-Fluchten« zwischendurch gibt es eine Reihe von weiteren Möglichkeiten, den Schopf anzupacken und aus dem Überforderungs- und Leistungssumpf herauszukommen. Sie sind alle leicht umsetzbar, benötigen keinen großen Einsatz von Mitteln, lediglich etwas Zeit sollten Sie sich dafür nehmen. Und wenn Sie jetzt reflexartig sagen: »Aber die fehlt mir doch gerade!«, dann mag das auf den ersten Blick sogar stimmen. Die Erfahrung (auch meine eigene) zeigt allerdings, dass sich die folgenden Techniken mit ein wenig geschickter Planung sehr gut in einen noch so vollen Terminkalender einpassen lassen. Wie das geht, zeigt Ihnen am Ende dieses Abschnitts eine Anleitung.

Natur bietet im wahrsten Sinne des Wortes eine der natürlichsten Arten, zur Ruhe zu kommen, sich zu erfrischen, innerlich aufzutanken und so wieder ein bisschen festen Boden unter den Füßen zu gewinnen. Leider haben wir uns in unserer modernen Welt immer mehr von der Natur entfernt. Wir verbringen einen nicht unbeträchtlichen Teil unserer Lebenszeit in künstlich geschaffenen Welten, die uns gegen die Natur weitgehend abschotten. Der virtuelle Raum wird immer bedeutender, gerne betrachten wir gewaltige Naturschauspiele auf Youtube, erinnern uns aber kaum noch, wann wir das letzte Mal im Stadtpark waren. Dabei ist die regenerative Kraft der Natur für den Menschen heute vielfach wissenschaftlich belegt.

o Da ist zum einen der *Weitblick*, den die Natur bietet. Wer überfordert und gestresst auf der Stelle tritt, dem hilft es möglicherweise, erst mal wieder etwas Überblick zu gewinnen, den Wahrnehmungskreis zu erweitern. Die freie Natur bietet dafür genau die richtigen Ausblicke, sei es nun der Blick über eine Wiese, auf ein Gebirgsmassiv, das Meer – oder auch nur den Baggersee. Kreative Einfälle überkommen den Menschen vielleicht nicht in einem engen Büro oder Seminarraum – aber schon so manches Problem wurde auf einem Wald- oder Parkspaziergang gelöst.

o Ganz entscheidend ist zudem das Licht. Natürliches Tageslicht hat deutlich positive Auswirkungen auf unseren Körper und unsere Stimmung. Verantwortlich dafür ist die Zirbeldrüse, die bei mangelndem Licht verstärkt das Schlafhormon Melatonin ausschüttet. Die Folgen sind recht gut in den nordischen Ländern zu beobachten, wo die saisonal abhängige Depression in den dunklen Herbst- und Wintermonaten zu einem starken Anstieg psychischer Erkrankungen führt.

o   Umgekehrt hat Sonnenlicht belebende Wirkung. Es regt insbesondere die Produktion der »Wohlfühlhormone« Serotonin und Dopamin an. Die Behandlung depressiver Menschen mit Lichtbestrahlung gehört aus diesem Grund heute zum medizinischen Standard.

Tauschen Sie also den Sumpflebensraum mit anderen, besser geeigneten Naturschauplätzen.

o   Gehen Sie zwischendurch immer wieder in die unmittelbare Natur in Ihrer Nähe. In den Park, den Wald, an ein Fluss- oder Seeufer, in Ermangelung anderer Attraktionen reicht auch die »städtische Grünanlage«. Die Mittagspause bietet sich dafür ebenso an wie der Morgenlauf (wenn Sie zur laufenden Bevölkerung gehören) oder eine kurze Mini-Radtour. Hauptsache, Sie kommen ins Freie und ans Licht. Studien haben gezeigt, dass Menschen, die in Pausenzeiten immer wieder kurz an die frische Luft gehen, am Ende ihres Arbeitstages bzw. nach Erledigung ihrer Aufgaben wesentlich zufriedener waren als diejenigen, die die ganze Zeit am Arbeitsplatz geblieben waren.

o   Ziehen Sie ruhig mal in Betracht, im Urlaub ein paar Tage in der Natur zu verbringen – es muss ja nicht gleich die »wilde« sein. Ja, Urlaub am Meer oder im Skihotel hat auch etwas mit Natur zu tun. Aber es macht einen Unterschied, ob Sie die Natur mehr oder minder als Kulisse nutzen oder sie tatsächlich unmittelbar erfahren. Wandern oder eine Radtour bietet sich da besonders an, ruhig auf ausgeschilderten Strecken, aber vielleicht nicht gerade zur Hauptreisezeit (denn dann wird der Weitblick möglicherweise von den vielen Mitwandernden verstellt).

o   Und schließlich: Holen Sie sich ein wenig Natur in Ihre Räume. Der Gummibaum am Arbeitsplatz mag ein Anfang sein. Es gibt dazu aber auch noch ansprechende Alternativen – natürlich auch für die anderen Wohn- und Lebensbereiche. Auch beim Licht kann man häufig für Verbesserungen sorgen: Klassische Kaltlicht-Neonröhren lassen sich durch Tageslichtvarianten ersetzen, die dem Sonnenlichtspektrum angenähert sind. Allerdings verlieren diese Röhren ihr ganzes Spektrum häufig schon nach einem Jahr – sie leuchten dann zwar noch hell, aber nicht mehr über das ganze (Tageslicht-)Spektrum. Daher besser häufiger wechseln.

Den Sumpfdissonanzen entkommen

Stille stellt eine weitere wirkungsvolle Variante dar, sich selbst aus dem Sumpf der Überforderung und des ständigen Leistungsstresses zu ziehen. Stille ist bei Weitem kein einfach zu erlangendes Gut, und häufig genug scheint es in unserem Alltag unmöglich zu sein, ein wenig Stille zu finden. Auch ist der Weg in die Stille am Anfang alles andere als leicht. Fällt nämlich der äußere Lärm weg, beginnen wir, uns auf das Wesentliche zu besinnen. Und da kommen dann möglicherweise ein paar Störfaktoren mit hoch, vor allem in Form von Gedanken, Sorgen und Ängsten.

Der äußere Lärm findet seine Fortsetzung im »inneren Lärm«, der uns vielleicht zweifeln lässt, ob das mit der Stille wirklich eine so tolle Hilfe ist oder ob man sich damit nicht noch viel weiter hineinreitet in den Sumpf. Deshalb ist es bei dieser Methode wichtig, vorsichtig zu experimentieren, immer mal wieder Inseln der Stille aufzusuchen, nicht zu oft, um herauszufinden, welche Stille-Dosis für einen selber gerade noch passt. Es gibt da wie so oft keine Patentrezepte, nicht einmal Orientierungswerte. Sie können die individuell verträgliche Dosis nur durch Ausprobieren herausfinden.

Aber ausprobieren sollten Sie es! Denn Stille kann, wenn die Phase des inneren Lärms erst einmal überstanden ist, Ruhe und Klarheit in den Sumpf bringen:

o Stille lässt die chaotisch wechselnden Beta-Frequenzen unseres Gehirns (siehe oben S. 80), die wir im Wachzustand produzieren, zur Ruhe kommen und ersetzt sie durch beruhigende Alpha-Frequenzen. Wir werden aufnahmefähiger, können klarer denken, den Sumpf besser überblicken – und erkennen möglicherweise einen Ausgang, der vorher noch im Nebel lag.

o Äußere Stille führt auch zur inneren Ordnung und Stabilisierung. Regelmäßige Meditation hat nachweislich eine positive Wirkung auf das Immunsystem. Aber auch schon die kleine Stille-Dosis zwischendurch stärkt gewissermaßen das Sumpf-Immunsystem.

o In der Stille leert sich schließlich der Stress-Hormontopf (dazu später mehr, siehe Seiten 104 ff.) ein wenig schneller. Hin und wieder ein bisschen Stille tanken ist also auch Stressprävention.

Nun reicht es wohl nicht, Ihnen schlicht zu raten: »Seien Sie einfach mal still.« Folgende praktische Tipps könnten Ihnen aber helfen:

o Schaffen Sie sich kleine »Stille-Inseln« in Ihrem Alltag. Augenblicke, in denen Sie kurz innehalten, die Augen schließen, auf den Atem achten. Das kann gleich morgens nach dem Aufwachen sein, mal kurz in einer Minipause am Arbeitsplatz, während der Mittagspause oder der Fahrt in der S-Bahn. Ist es um Sie herum laut, können Sie diese Geräuschkulisse mit Ohrstöpseln aussperren oder auch nur versuchen, in die innere Stille einzutauchen. Zehn bis 15 Minuten können ausreichen, um ruhig zu werden und innerlich ins Gleichgewicht zu gelangen. Aber selbst wenn nicht so viel Zeit ist: Auch zwei Minuten Stille sind schon ein guter Anfang.

○ Machen Sie Wartezeiten zu Stille-Zeiten. Sie kommen zum Flughafen und stellen fest: Der Flug hat 30 Minuten Verspätung. Natürlich können Sie sich jetzt eine Beschäftigung suchen: Zeitung kaufen, I-Pod auspacken, den Handy-Akku strapazieren oder sich einfach nur still ärgern über die unnötige Wartezeit. Letzteres bringt Sie ein Stückchen weiter in Ihren Sumpf. Sie können aber auch mal probieren, in diesen unverhofften »Frei-Zeiten« aus dem Sumpf herauszukommen. Tun Sie nichts, gönnen Sie sich eine kleine Ruhepause. Nutzen Sie solche Unterbrechungen, tanken Sie Stille. Gleiches gilt natürlich für Wartezeiten beim Arzt oder – das kann besonders hilfreich und stressmindernd sein – im Stau.

○ Experimentieren Sie mit Stille-Zeiten unterschiedlicher Länge. Täglich immer mal wieder zwei oder drei Minuten, einmal eine Stunde pro Woche, vielleicht sogar einen ganzen Tag pro Monat. Sie müssen in diesen Phasen ja nicht still dasitzen und nur leise atmen. Ganz im Gegenteil. Stille können Sie auch tanken, wenn Sie ein Buch lesen oder eine Tageswanderung oder Radtour machen. Ob Sie dann später einmal den Schritt wagen und eine Woche lang eine Stille-Auszeit in einem Kloster oder auf einer Berghütte ausprobieren, können Sie später entscheiden, wenn Sie ein bisschen mehr Erfahrung mit den Wirkungen der Stille gesammelt haben. Auch in längeren Phasen geht es ja nicht darum, ständig zu schweigen, sondern einfach viel Ruhe und Stille zu genießen. Natürlich muss man sich dabei wohlfühlen, und wenn Sie feststellen, dass in längeren Stille-Phasen die Fluchtgedanken jede innere Stille im Keim ersticken, dann wählen Sie einfach einen anderen Weg.

Und hier können Sie wieder die wichtigsten Anregungen und Tipps zur Schopfstrategie »Sorgen Sie für sich« notieren:

Räumen Sie auf

Den Sumpf aufräumen (nein: nicht trockenlegen, nur aufräumen) – das soll eine wirksame Schopfstrategie sein? Die
Assoziationen mögen da zunächst einmal in eine andere
Richtung gehen. Denn vielen Menschen wird da erst mal
wenig bis nichts einfallen, was auf eine Verbesserung des
Sumpfdaseins schließen lässt. Eher schon das Gegenteil: So
mancher meint vielleicht, dass er beim Aufräumen selbst in
einen noch viel größeren Sumpf gerät.

Und doch: Wer es einmal versucht und sich schließlich
doch daran macht, seine Sachen zu ordnen, aufzuräumen,
sich sogar von etwas zu trennen, macht oft die erstaunliche
Erfahrung, dass es nicht nur viel leichter geht als gedacht.
Viele fühlen sich danach auch viel besser und innerlich auf-
geräumter als zuvor. An dem altbekannten Ausspruch des
ägyptischen Priesters Hermes Trismegistos scheint also etwas
dran zu sein: »Wie innen, so außen – wie außen, so innen.«
Was nichts anderes bedeutet als: Einerseits wirkt der innere
Zustand des Menschen auf seine Umwelt – er beeinflusst mit
seinen Worten, seinen Handlungen und seiner Haltung
seine Umgebung. Aber das gilt auch umgekehrt. Die Umgebung des Menschen wirkt auf ihn ein, sie beeinflusst unmittelbar seine Verfassung. Was in Anbetracht des Sumpfbildes
auch einleuchtet: Wer fühlt sich schon wohl, wenn es um
einen herum wabert und dampft und ab und an große Gas-
blasen emporsteigen. Wer hingegen um sich herum etwas
ordnet, aufräumt, reinigt oder schön gestaltet, spürt auch
die ordnende und reinigende Wirkung auf sein Innenleben – und das wiederum hilft, ein Stückchen aus dem Sumpf
herauszukommen.

Wie außen, so innen

Die positive Wirkung des Aufräumens auf das eigene Innenleben war also schon einige Tausend Jahre vor unserer Zeit bekannt. Rückschlüsse auf den genaueren Wirkmechanismus allerdings ließen erst neuere psychologische und neurowissenschaftliche Untersuchungen zu. Die Ausgangsfrage war: Warum haben einfache ordnende Tätigkeiten Auswirkungen auf unser Seelenleben? Warum wirken sie gegen Trübsal und Depressionen?

Die Erklärung setzt bei der Wirkweise unseres Gehirns an. Die linke Stirnhirnhälfte ist zuständig für das Erreichen von Zielen und die Kontrolle negativer Gefühle. Bei Trübsal oder depressiver Stimmung ist sie kaum aktiv. Das ändert sich aber in dem Augenblick, in dem wir uns etwas vornehmen und unsere Aufmerksamkeit auf ein Ziel richten. Dann bringen wir diesen Teil unseres Gehirns wieder in Gang. Gleichzeitig kommt es zu einer Ausschüttung des Neurotransmitters Dopamin, den man gewissermaßen als eine Art »Schmiermittel für den Geist« ansehen kann. Dopamin lässt uns schneller reagieren und denken. Daneben bleibt für negative Gedanken und Gefühle weniger Spielraum.

Wichtig ist aber noch ein zweiter Aspekt: Wir kommen vor allem dann ein Stück aus dem Sumpf heraus, wenn die Tätigkeit auch zu Erfolgserlebnissen führt. Ist ein Ziel erreicht, geben Neuronen im Stirnhirn ein Signal, und es kommt zur Ausschüttung von Opioiden (vor allem den sogenannten Endorphinen), die in uns positive Erfolgsgefühle auslösen. Und gerade einfachere Aufgaben, wie Hausarbeiten, Aufräumen oder das Ordnen von Dingen, vermeiden Überforderung und erleichtern so die Zielerreichung – und damit die Endorphinausschüttung. So hat also eine im Grunde ziemlich banale Tätigkeit wie das Aufräumen sehr differenzierte Auswirkungen auf unser Gehirn und unser Befinden.

Fazit: Wenn Sie mal das Gefühl haben, seelisch im Sumpf zu stecken, dann fangen Sie einfach an, etwas aufzuräumen oder zu ordnen – es wird Ihnen rasch um einiges besser gehen.

Wie innen, so außen

Die Ursache der Unordnung kann natürlich auch in uns selbst liegen. Gerümpel muss ja nicht immer nur in den Ecken liegen – manchmal sind auch unsere inneren Räume ganz schön zugestellt. Ungelöste Streitigkeiten oder Dinge, die andere uns angetan und die wir ihnen nicht verziehen haben, können uns genauso bedrücken wie ein schwerer, von Akten überquellender Schreibtisch – manchmal haben solche inneren Altlasten noch viel mehr Belastungspotenzial als das Gerümpel im Außen. Also gilt auch hier: Wenn Sie sich am eigenen Schopf herausziehen wollen, sollten Sie auch diesen inneren Ballast abwerfen.

Verzeihen

Nach einer Kränkung scheint es oft das Einfachste zu sein, die Beziehung abzubrechen. Damit ist die Sache aber nur äußerlich geklärt. Die Kränkung taucht immer wieder auf. Sie denken möglicherweise mehrmals täglich daran. Sie mögen nicht mehr durch die Straße gehen, in der die Missetäterin oder der Missetäter wohnt. Sie machen einen Bogen um bestimmte Orte, um ihm oder ihr nicht zu begegnen. Es mag manchmal bequem sein, dem Konflikt auf diese Weise davonzulaufen – bringt Sie aber nicht weiter.

Die andere Variante: Sie brechen die Beziehung nicht ab, sondern führen sie mit Groll weiter. Dann sitzen Sie in einem Sumpf aus schlechten Gefühlen. Hass, Zorn oder Groll lassen sich zwar oberflächlich wegschieben, sie kommen aber zurück. Mag sein, dass Sie Ihre Haltung für berechtigt halten: So können Sie sich an Ihren Freunden, Kollegen, Nachbarn oder Ihrem Lebenspartner für das erlittene Unrecht rächen – und brauchen nicht einmal ein schlechtes Gewissen zu haben, schließlich hat der andere ja angefangen. Aber auch das hilft Ihnen nicht weiter. Denn solange Sie die Verbindung zum Täter halten – und sei es auch nur über Racheaktionen –, haben Sie mit der Sache nicht abgeschlossen. Ihr Denken und Fühlen kreist fortwährend um Ihre Verletzung. Sie bleiben emotional an die Sache und an die Person gebunden, die Verletzung kommt wie ein Popup-Fenster in schöner Regelmäßigkeit wieder hoch. Das bindet Ihre Energie und blockiert Sie.

Vielleicht ist es wichtig sich zu verdeutlichen, dass Nachsehen nicht aus einer Haltung innerer Schwäche erwächst. Nachsehen bedeutet also nicht nachgeben, keine Selbstaufgabe oder Verzicht auf die eigene Position. Sie können auf der Sachebene weiter Ihre Ansicht vertreten. Aber auf der emotionalen Ebene kommt es zu einer Veränderung. Denn Sie nehmen Ihrem Gegenüber seine Einstellung oder Handlungsweise nicht mehr übel. Genau diese Verhaltensweisen aber erzeugen die seelische Belastung. Nachsicht hingegen hat Selbstständigkeit und Handlungsfähigkeit statt Abhängigkeit und Lähmung zur Folge. Und das kann dann – vielleicht nach längerer Zeit – auch wieder auf die menschliche Ebene Auswirkungen haben: Möglicherweise lässt sich die Beziehung doch noch retten, zumindest aber kann man den anderen in Frieden ziehen lassen.

Es gilt also: Jemandem etwas nachzutragen, ist mühsam und belastend. Dem anderen etwas nachzusehen, befreit und erleichtert. Allerdings erfordert der Vorgang des Verzeihens häufig viel Überwindung.

Mit den folgenden vier Schritten kann dieser diffizile Vorgang gelingen:

1. Gehen Sie innerlich auf Abstand: Dabei kann es hilfreich sein, auch äußerlich Distanz zu gewinnen: Vielleicht machen Sie eine Weile »einen Bogen« um den Problem-Kollegen oder die Nachbarin, der Sie böse sind. Oder Sie verlassen einfach das Zimmer und atmen erst mal durch. Wut ist in diesem Stadium normal und kann die innere Distanz sogar erleichtern. Versuchen Sie, nicht im ersten Zorn loszupoltern. Warten Sie lieber ab, bis sich der Adrenalinspiegel gesenkt hat und Sie wieder souverän handeln können.

2. Lassen Sie die »böse Tat« beim anderen. Ziehen Sie innerlich eine Trennscheibe hoch. Auf Ihrer Seite sind Ihre Gefühle: Ihr Schmerz, Ihre Kränkung, Ihre Enttäuschung. Auf der anderen Seite ist das, was Ihr Gegenüber getan hat. Was er fühlt, ist ganz alleine seine Sache. Er muss mit seiner Handlung selbst fertig werden. Sie haben nichts damit zu tun. Konzentrieren Sie sich ganz auf sich selbst.

3. Verarbeiten Sie Ihren Schmerz. Das ist der schwierigste Schritt: die negativen Gefühle zuzulassen. Dennoch: Unterdrücken Sie diese Gefühle nicht. Gehen Sie bewusst durch diese Phase. Zuerst sind Sie vielleicht sehr wütend. Sie sinnen auf Rache. Wenn die Wut abklingt, werden Sie möglicherweise sehr traurig. Keine Angst, die Trauer wird Sie nicht wegspülen. Sie ist ein wichtiges Gefühl. Nehmen Sie sich Zeit dafür. Denn erst wenn Sie diese Phasen durchlebt haben, können Sie Ihre innere Souveränität wiedererlangen und – im nächsten Schritt – der Frage nachgehen, ob Sie vergeben können. Erst wenn Sie Ihren Schmerz durchlebt, erforscht und verarbeitet haben, kön-

nen Sie das kränkende Ereignis und seinen Verursacher loslassen. Wenn Sie das Gefühl haben, Sie möchten diesen Schritt nicht alleine gehen, dann holen Sie sich Hilfe. Ein professioneller Coach oder Therapeut kann Sie dabei oft besser unterstützen als eine gute Freundin. Informieren Sie sich: Oft reichen schon wenige Beratungsstunden aus, und Sie fühlen sich wesentlich besser.

4. Versuchen Sie – soweit möglich – auch die andere Seite zu verstehen. Probieren Sie, sich in den anderen hineinzuversetzen: Warum hat er so gehandelt? Welche äußeren Umstände können eine Rolle gespielt haben? Welche inneren Beweggründe mag er gehabt haben? Wenn Sie die andere Person rational und gefühlsmäßig verstehen, ist das Verzeihen oft gar nicht mehr so schwer. Mehr noch: Sie fühlen sich dann womöglich gar nicht mehr in der Lage, nicht zu verzeihen.

Entschuldigen

Es ist nicht leicht, die Schuld für ein Fehlverhalten einzugestehen, sie »auf sich zu nehmen« wie eine schwere Last. Einfacher ist es da, die Schuld in den äußeren Umständen zu suchen. Schuld zu erkennen und zuzugeben wird häufig gleichgesetzt mit Blamage, Schande, Niederlage. Tatsächlich aber ist es ein Ausdruck persönlicher Reife, wenn Sie sagen können: »Es war meine Schuld. Es tut mir leid. Entschuldigung.« Wichtig ist, dass Sie jede Sache, für die Sie sich verantwortlich und/oder schuldig fühlen, tatsächlich bereinigen. Sonst schleppen Sie all diese Pannen als Seelenballast mit sich herum, und Ballast zieht ja bekanntlich nach unten.

Wenn Sie jemand anderem etwas Unrechtes getan haben – sei es mit oder ohne Absicht – stehen Sie möglicherweise vor zwei Scherbenhaufen:

○ Sie haben einen materiellen Schaden angerichtet: Weil Sie Ihre Digitalkamera vergessen hatten, musste extra ein teures Ersatzgerät beschafft werden. Weil Sie eine Information nicht rechtzeitig weitergeleitet haben, ist ein Projekt gescheitert. Vielleicht ist Ihnen auch einfach nur ein Rotweinglas umgefallen, und Sie haben das Kostüm der Gastgeberin ruiniert. Wenn Sie einen solchen materiellen Schaden angerichtet haben, dann können Sie ihn wiedergutmachen, indem Sie schlicht und ergreifend zahlen.

○ Sie haben auf menschlicher Ebene Porzellan zerschlagen: Jemand ist enttäuscht wegen Ihrer Ungeschicklichkeit oder Unzuverlässigkeit. Mit einer lapidaren Entschuldigungsfloskel kommen Sie hier wahrscheinlich nicht weiter. Sprechen Sie mit den Menschen, denen Sie geschadet haben. Und zwar so offen, ehrlich und ausführlich, bis Sie sich tatsächlich ent-schuldet fühlen. Wenn Sie für den entstandenen Schaden nicht direkt selbst verantwortlich sind (Sie standen im Stau, Sie wurden krank, oder jemand hat Ihr Verhalten missverstanden) oder wenn Sie sich mit der Entschuldigung schwertun, können Sie auch sagen: »Es tut mir leid.« Der Vorteil: Sie nehmen mit dieser Formulierung keine Schuld auf sich, für Ihr Gegenüber hat sie psychologisch aber beinahe die gleiche Wirkung.

Verstimmungen klären

Jedem passiert das einmal: Im Eifer des Gesprächs, nach zwei Stunden nervender Abteilungskonferenz, sagen Sie etwas, womit Sie Ihrem Gegenüber »auf den Schlips treten«. Es folgt peinliche Stille. Vielleicht verlässt jemand die Runde, das Thema wird gewechselt. Damit ist die Sache aber nicht aus der Welt! Immer, wenn Sie diese Person wiedersehen, fühlen Sie sich unbehaglich. Eigentlich wollen Sie am liebsten Gras über die Sache wachsen lassen – aber das funktioniert nicht.

Jeder steckt also tief in seinem Sumpf fest. Lösen werden Sie dieses Dilemma wahrscheinlich nur, wenn einer von Ihnen beiden zuerst ein wenig am Schopf zieht. Das könnte Ihre Gelegenheit sein: Gehen Sie auf die Person zu, mit der Sie etwas zu klären haben. Sie müssen gar keine große Rechtfertigung oder Erklärung vortragen (das führt häufig nur zu wechselseitigen Rechtfertigungsversuchen und vertieft den Konflikt). Es reicht, wenn Sie sagen: »Ich glaube, ich bin Ihnen auf den Schlips getreten. Das tut mir leid.« Schauen Sie Ihrem Gegenüber offen in die Augen. Geben Sie ihm Zeit zu reagieren. Sie werden erstaunt sein: Oft ist die Person erst mal perplex – und dann richtig erleichtert darüber, dass Sie die Sache ansprechen. Vielleicht gibt sie Ihnen sogar recht: »Ja, Sie haben mich getroffen mit dem, was Sie da gesagt haben. Wahrscheinlich, weil Ihre Einschätzung zutrifft!«

Sprechen Sie die Verstimmung aber erst dann an, wenn sich die ersten Wogen der Aufregung geglättet haben. Das kann eine Stunde nach Ihrem Fauxpas sein, am nächsten Morgen oder nach dem Wochenende. Das gilt vor allem für Ihren Job. Im Privatleben ist es ein wenig anders. Über kleinere Unstimmigkeiten sollten Sie sich mit Ihrem Partner oder Ihrer Partnerin idealerweise aussprechen, bevor Sie abends zu Bett gehen – sonst schlafen Sie beide womöglich schlecht. Spätestens am nächsten Tag sollte die Sache jedenfalls aus der Welt geschafft werden.

Wenn Ihnen ein größeres Missgeschick unterlaufen ist – egal, ob geschäftlich oder privat – gehen Sie behutsam vor. Überlegen Sie sich gut, was Sie wann sagen und wie Sie das tun wollen. Versetzen Sie sich dazu in die Position des ande-

99

ren. Vielleicht ist es sinnvoll, eine dritte, neutrale Person hinzuzuziehen, vor allem wenn es um sehr stark emotional besetzte Themen geht.

Beschwerdefrei leben

Sich zu beschweren kann – das hatte schon die Beschreibung des Beschwerdesumpfes auf Seite 27 gezeigt – eine sehr wirksame Methode sein, sich und anderen das Leben schwerzumachen. Dabei ist das Beschweren ja kein unabänderlicher Automatismus. Vielleicht machen Sie sich einmal bewusst: Bei jeder Panne, bei jedem Zwischenfall, bei allem, was schiefgeht, haben Sie immer zwei Möglichkeiten:

Sie können sich tatsächlich beschweren. Und es gibt Umstände, die eine sachlich vorgetragene Beschwerde sinnvoll erscheinen lassen. In vielen Fällen aber beschweren wir uns ja nur mit vermeintlicher Berechtigung, ein bisschen besserwisserisch und dann noch mit ein paar Vorwürfen garniert. Kann sein, dass Sie damit sogar im ersten Moment Erfolg haben. Viel wahrscheinlicher ist es, dass Sie es sich mit Ihrem Gegenüber verderben. Und ganz bestimmt belasten Sie sich bei einer solchen Vorgehensweise.

Sie könnten aber auch mal versuchen, die Beschwerde einfach wegzulassen. Nur beobachten, was passiert, mit anfänglicher Verwunderung, neugierigem Interesse – und vielleicht sogar ein bisschen Humor. Und dann können Sie sich selbst ein Stückchen aus dem Sumpf herausziehen, indem Sie die Initiative zur Lösung ergreifen. Nicht durch eine Beschwerde, sondern durch freundliche, aber bestimmt geäußerte Kritik oder eine Bitte. Das wird vielleicht nicht immer funktionieren, und in hartnäckigen Fällen müssen Sie dann vielleicht doch noch eine Beschwerde draufsatteln. Aber häufiger werden Sie wahrscheinlich erleben, dass diese Vorgehensweise Ihr Gegenüber überrascht und Sie Ihr Ziel

leichter und entspannter erreichen, als wenn Sie sich beschweren.

Wenn Sie möchten, können Sie hier wieder – jetzt oder
später – eigene Gedanken oder Anregungen zur Schopfstrategie »Räumen Sie auf« notieren:

Der Sumpf hat eine Eigenschaft, die ihn besonders gefährlich macht für stressgeplagte Menschen: seine Konsistenz. Denn im Stress bringen wir eine Handlungsweise mit, die im Sumpf besonders negative Auswirkungen hat: Wir strampeln immer schneller und sinken deshalb immer tiefer ein. Aber der Reihe nach, klären wir erst einmal, was Stress eigentlich ist und wie wir hineinkommen.

Die Stressreaktion:
Drei Schritte, die tiefer und tiefer in den Sumpf führen

Stress ist ein – inzwischen auch nicht mehr ganz taufrisches – Modewort, das in den letzten Jahrzehnten so ziemlich jeden Lebensbereich durchdrungen hat. Wir haben Alltagsstress, Berufsstress und Schulstress, oftmals auch Beziehungsstress, und wenn wir dann endlich mal abschalten können, kommt der Freizeitstress. Im Stress zu sein ist »in«, wer ihn hat, muss nicht zu großen Erklärungen ansetzen und sich auch nicht rechtfertigen. Paradoxerweise ist das im umgekehrten Fall häufig anders: Wer Ruhe und Muße hat, gerät leicht in den Verdacht, ein Müßiggänger, vielleicht sogar Faulenzer zu sein – das erzeugt dann manchmal doch Rechtfertigungsdruck. Also dann doch lieber: Stress (so denken vielleicht manche).

Aber was ist Stress eigentlich? Hans Selye, der »Vater der Stressforschung«, definierte sehr einfach: Stress ist eine körperliche Anpassungsreaktion auf Reize der Umwelt. Das ist sehr treffend – und auch sehr knapp. Es geht natürlich auch etwas genauer: Die Stressreaktion an sich ist etwas völlig Normales, ja sogar Lebensnotwendiges. Bei Reizen von außen wird der Körper in Alarmbereitschaft versetzt: Unter anderem werden die Botenstoffe Adrenalin und Cortisol ausgeschüttet, der Puls beschleunigt sich, die Atmung ebenso, der Blutdruck steigt. Das Ziel ist: Kampf oder Flucht. Denn entwicklungsgeschichtlich betrachtet war dieser Mechanismus für Fälle höchster Gefahr vorgesehen – also für den klassischen Fall der Begegnung von Urzeitmensch und Braunbär, wobei Letzterer überwiegend feindliche Absichten hegte. Die Stressreaktion ermöglichte es, unter Ausschaltung komplizierter Denkprozesse sofort zu reagieren. Das kann auch heute noch von Nutzen sein, zum Beispiel im Straßenverkehr.

Und der Sumpf? Nun ja, man kann die Stressreaktion gewissermaßen als ein »Versinken in drei Akten« bezeichnen. Und das läuft dann so:

1. Sämtliche Umweltreize (und hier geht es vor allem um die, die wir als gefährlich oder belastend empfinden) werden zunächst nicht rational verarbeitet (im Großhirn, das uns ja erst zu vernünftigen Lebewesen macht), sondern emotional im Zwischenhirn, dem Sitz für Gefühlsreaktionen. Hier wird über Kampf- oder Fluchtverhalten entschieden. Anstatt also zunächst einmal innezuhalten und die Situation zu analysieren, kommt es sofort zu einem Handlungsimpuls. Und um nicht zu viel Zeit zu verlieren, treten wir schon mal auf der Stelle, laufen uns gewissermaßen warm ... und sinken dabei auch schon mal ein Stückchen in den Sumpf ein.

2. Wer im Sumpf steht und nicht versinken möchte, sollte nicht treten. Das dürfte an sich allgemeiner Konsens sein. Während der Stressreaktion gilt das aber nicht. Denn im zweiten Schritt wird nun an das Stammhirn signalisiert: Gefahr! Und für dieses Signal hat das Stammhirn auch eine »standard operating procedure«: Es schüttet Adrenalin aus. Dieses Hormon soll uns in die Lage versetzen, uns zu verteidigen oder schnell wegzulaufen. Es be-

schleunigt den Puls, sorgt für eine bessere Durchblutung der Muskeln und mobilisiert Zucker- und Fettreserven. Bildlich gesprochen treten wir ein bisschen schneller auf der Stelle und sinken noch ein wenig mehr im Sumpf ein.

3. Der dritte Schritt der Stressreaktion steht nun ganz im Zeichen des Versinkens. Denn wenn während der Stress-reaktion immer mehr Adrenalin in den Blutkreislauf gelangt, kommt irgendwann der Punkt, an dem dieses Hormon unser Großhirn völlig blockiert. Also genau die Zentrale, die uns in einer Stresssituation noch zur Rettung verhelfen könnte, wird ausgeschaltet. Und da das Adrenalin, das »Kampfhormon«, ja weiter wirkt, treten wir auch immer schneller auf der Stelle, bis wir schließlich schön langsam, aber stetig tiefer und tiefer im Sumpf versinken.

Stressfolgen

Diese Reaktion ist, das wurde schon erwähnt, normal und sinnvoll – wenn denn eine wirkliche Gefahrensituation vorhanden ist, die uns eine solche »hormongesteuerte«, also automatische Reaktionsweise abverlangt. Im Normalfall ist dann mit dem Ende der Bedrohungssituation das Adrenalin »verbraucht« (Kampf oder Flucht!), das körpereigene Stress-system wird wieder heruntergefahren: Der Puls verlangsamt sich, der Blutdruck sinkt, Atmung und andere Körperfunk-tionen normalisieren sich.

Schlechter hingegen läuft es, wenn dem Körper diese not-wendigen Ruhephasen nicht zur Verfügung stehen. Folgt einem stressauslösenden Ereignis sofort das nächste, bleibt der Körper in ständiger Alarmbereitschaft, wir treten also weiter auf der Stelle und sinken immer noch ein kleines Stück weiter ein. Mit der Zeit gewöhnt sich der Körper daran und »beschließt« gewissermaßen, dass diese ständige Alarmbereit-schaft von nun an der Normalzustand ist. Er passt sich einem höheren Stressniveau an. Das hat allerdings einen entschei-denden Nachteil: Unser Stressbewältigungssystem ist nicht auf Dauerbetrieb ausgelegt. Welche Folgen wiederkehrender und anhaltender Stress für uns haben kann, veranschaulicht sehr treffend das »Hormontopfmodell« von Vera F. Birkenbihl[5]. Sie nennt das selbst ein absurdes, doch hilfreiches Denk-modell. Stellen Sie sich vor, das Adrenalin, das Sie während jeder Stressreaktion produzieren (und noch ein paar andere »Kampfhormone« mehr), sammelt sich in einem Messbecher irgendwo in Ihrer Magengrube. Jeder kleine Stressfaktor lässt den Pegelstand ein wenig weiter anwachsen, größere Stresser-lebnisse entsprechend schneller. Das alles ist an sich kein großes Problem, denn es gibt einen Abfluss: Am Boden des Bechers finden sich ein paar kleine Löcher, durch die alle Kampfhormone versickern; langsam, aber stetig. Allerdings gibt es kein Regulierungsventil für die Abflussgeschwindig-keit – die ist fix. Bedenklich wird die Situation deshalb dann, wenn mehr Adrenalin hinzukommt, als unten wieder entwei-chen kann. Das kann unangenehme Konsequenzen haben.

1. Je mehr Adrenalin im Topf ist, desto schlechter wird die Wahrnehmung. Sie bekommen gewissermaßen die ge-trübte Brille des Pessimisten aufgesetzt, nehmen die Dinge viel negativer wahr, als sie eigentlich sind, und produzieren dann noch mehr Kampfhormone. Eine Spi-rale, die einen nach und nach zielsicher immer weiter in den Sumpf treibt.

2. Wenn der Topf dann langsam voll und voller wird, zieht er Sie immer weiter hinab in den Sumpf. Wenn Sie dann nur tief genug drinstecken, kann schon mal eine Sumpf-welle über Sie schwappen. Dann geht erst mal gar nichts mehr, das Adrenalin blockiert das Denkvermögen.

3. Mit der Zeit allerdings wird es richtig problematisch, und zwar dann, wenn wir lange genug im Stress sind. Denn Dauerstress führt zu »Abnutzungserscheinungen« im Körper. Er schwächt das Immunsystem, erhöhte Blutdruck- und Blutfettwerte steigern das Risiko für Herzinfarkt und Schlaganfall, auf Dauer sinken Gedächtnis- und Konzentrationsleistung, ganz allgemein nehmen Kreativität und Leistungsfähigkeit ab, und die Gefahr von depressiven Zuständen wächst.

Die Schopfstrategie

Es gilt also, dem Stress zu entkommen – aber wie? Gefährlich und schädlich ist Dauerstress ja vor allem wegen des erhöhten Adrenalinspiegels, denn er führt vor allem zu den typischen Stresskrankheiten wie Herz- oder Magenproblemen. Effektives Stressmanagement setzt daher – bildlich gesprochen – an einer Senkung dieses Adrenalinspiegels an. Man könnte auch sagen: Es gilt, den Pegelstand im Hormontopf im Auge zu behalten. Der Schopf, den Sie dazu ergreifen müssen, hat gewissermaßen drei Zöpfe:

○ Stress *verhindern*, vor allem durch eine genaue Analyse der Faktoren, die einen immer wieder in Stress bringen. Mit gezielten Maßnahmen, insbesondere einer guten Planung, lassen sich diese Faktoren zumindest teilweise vermeiden.

○ Stress *verbrennen* durch körperliche Aktivität, insbesondere Sport.

○ Stress *verdünnen* durch Aktivierung des körpereigenen Belohnungssystems.

1. Stress *verhindern*

Hier lautet die Devise: Lernen Sie Ihren Sumpf besser kennen. Denn viele Stresssituationen lassen sich verhindern, wenn man die persönlichen Stressoren kennt. Stressoren sind die Dinge, die einen im Leben immer wieder aufregen und in Stress bringen. Es sind meist gar nicht so viele, sie ziehen sich aber wie ein roter Faden durchs Leben. Es ist daher lohnenswert, diese persönlichen Stressoren herauszufiltern. Kennt man sie einmal, dann lassen sie sich (oder zumindest einige davon) durch geschickte Planung oft vermeiden. Kommen Sie zum Beispiel durch Zeitdruck immer wieder sehr in Stress, so hilft es möglicherweise, durch Pufferzeiten und frühzeitiges Beginnen einer Aufgabe den Adrenalinausstoß zu verringern (weitere Tipps hierzu im Kapitel »Nutzen Sie die Zeit« auf den Seiten 111 ff.). Und sollten bestimmte Überforderungssituationen in Ihrem Berufsleben immer mal wieder für Sumpferlebnisse sorgen, dann lässt sich vielleicht frühzeitig Hilfe organisieren.

Die folgende Tabelle gibt Ihnen die Gelegenheit, Ihre persönlichen Stressoren im Berufs- wie Privatleben zu analysieren. Schätzen Sie ab, wie stark die einzelnen Stressoren Sie belasten, und überlegen Sie sich, ob und wie Sie diese gegebenenfalls ändern, also verhindern können.

Meine Stressorenanalyse

Liste der **beruflichen** Stressoren	Belastungsfaktor 1–6	Kann ich ändern ja	nein	Maßnahmen
1				
2				
3				
4				
5				
6				
7				

Liste **anderer** Stressoren (Freizeit, Partner, Familie, Freunde usw.)	Belastungsfaktor 1–6	Kann ich ändern ja	nein	Maßnahmen
1				
2				
3				
4				
5				
6				
7				

2. Stress *verbrennen*

Nochmal zur Erinnerung: Der »Hormontopf« läuft über, weil – stressbedingt – mehr Adrenalin hineintröpfelt, als durch die kleinen Löcher am Boden entweichen kann. Es könnte also sinnvoll sein, den Adrenalinüberschuss durch andere Maßnahmen zu verringern. Und da bietet sich Sport oder überhaupt jede Art von körperlicher Bewegung an. Beim Joggen, im Fitnessclub, beim Tennis oder jeder anderen Sportart »verbraten« Sie die Stresshormone und sorgen dafür, dass der Stresspegel wieder ein bisschen sinkt. Das ändert noch nichts an der Existenz der Stressoren, kuriert also nicht die Ursachen, kann aber immerhin die Symptome lindern und so dafür sorgen, dass Sie wieder etwas mehr Überblick über das Sumpfgebiet bekommen. Aufgestauter Ärger ist hinterher etwas harmloser, Sie können wieder klarer denken (denn das Adrenalin blockiert Ihr Großhirn jetzt nicht mehr ganz so stark) und Sie sehen vielleicht einen Lösungsweg, der Ihnen vorher verborgen war. Diese Methode hat zudem den Vorteil, dass sie leicht umsetzbar ist und Sie nebenbei auch noch etwas für Ihre Gesundheit tun. Und auch unter Präventionsgesichtspunkten ist körperliche Aktivität allemal zu empfehlen, denn Sie halten damit den Grundpegel der Stresshormone niedrig – und können auf diese Weise vorübergehenden Stresssituationen besser entgegentreten.

3. Stress *verdünnen*

Stress verdünnen – das bedeutet: Stresshormone kompensieren. Das funktioniert am besten durch Aktivierung des körpereigenen Belohnungssystems, also durch Tätigkeiten, die Endorphine, die körpereigenen »Glückshormone«, freisetzen. Diese können das Adrenalin im Hormontopf gewissermaßen verdünnen und schließlich sogar neutralisieren.

Der Vorteil bei dieser Methode ist: Sie ist einfach umzusetzen. Denn Endorphine lassen sich im Körper durch alles erzeugen, was Ihnen Freude bereitet und guttut: ein gutes Essen, ein schöner Einkaufsbummel, zwei Stunden in einer Wellnesslandschaft oder im Konzert, ein gelungenes Candlelight-Dinner usw.

Mit diesen drei Tipps können Sie dem Stresssumpf auf Dauer entkommen. Und da für viele auch der Zeitmangel ein ganz entscheidender Stressauslöser ist, erfahren Sie im nächsten Abschnitt, wie Sie mit ein bisschen Planung diesem Stressfaktor schon im Ansatz begegnen können.

Wie immer finden Sie hier wieder ein paar Zeilen, um Gedanken zur Schopfstrategie »Managen Sie Ihren Stress« aufzuschreiben.

Nutzen Sie die Zeit

Die Stapel auf dem Schreibtisch türmen sich langsam zu bedenklichen Höhen auf – obwohl Sie doch pausenlos arbeiten. Die Liste Ihrer unerledigten Aufgaben wird länger und länger – und der Terminplan lässt in den kommenden Wochen kein Loch, um das alles einmal aufzuarbeiten. So richtig Urlaub gemacht (also: ohne ständige Rufbereitschaft via Smartphone) haben Sie schon lange Zeit nicht mehr. Und die Familie hat die Klagen, dass sie eigentlich viel zu kurz kommt, auch schon vor geraumer Zeit eingestellt. Das ist in der Tat ganz schön viel auf einmal. Und dennoch: Für viele von uns ist es der ganz normale Alltagssumpf. Oder besser: der ganz normale Zeitmangelsumpf. Denn Zeit scheint in unserer Welt ein rares Gut zu sein, manchmal möchte man die Zeit am liebsten auf eine Liste geschützter Arten irgendeiner internationalen Organisation setzen. Viele von uns scheinen jeden Tag einen mehr oder minder aussichtslosen Kampf mit diesem Sumpf zu führen. Sie fahren morgens früher ins Büro, um ungestört ein paar Aktenberge abzutragen – und geraten auf dem Weg in einen Stau, die U-Bahn bleibt stecken, der Bus fällt aus – oder der liebe Kollege hatte dieselbe Idee und teilt Ihnen das auch wortreich auf dem Flur mit. Und schon ist der schöne Zeitvorsprung dahin. Um das wieder reinzuholen, arbeiten Sie den ganzen Tag mit Hochdruck – und je mehr Sie erledigen, desto mehr neue Aufgaben landen bei Ihnen (»Bei Ihrem Arbeitstempo können Sie das doch noch schnell mit erledigen, Herr Müller!«). Was übrig bleibt, nehmen Sie in einem Anfall von Aufopferungsbereitschaft mit nach Hause – und erliegen dann eben doch den Verlockungen des Fernsehprogramms. Am nächsten Morgen wollen Sie dann wieder aufholen … und fahren mal wieder früher ins Büro …

Im Familienalltag sieht es übrigens nicht viel besser aus. Auch Hausarbeit lässt sich unterbrechen: von anrufenden Freunden oder gesprächsbereiten Nachbarn zum Beispiel. Von Kindern, die gerne Ihre Chauffeurdienste in Anspruch nehmen, und anderen Eltern, die Sie ausgiebig dafür loben, dass Ihre Salate beim letzten Sommerfest einsame Spitze waren – und schon dürfen Sie für's Herbstfest auch noch welche machen. Sie selbst bleiben dabei manchmal ein bisschen auf der Strecke und sacken noch ein bisschen mehr im Sumpf ein. Ob im Alltag oder im Beruf: Es tun sich immer wieder neue Sumpflöcher auf, sobald Sie eines notdürftig gestopft haben, blubbert es schon an einer anderen Stelle.

Freilich mag der eine oder andere das täglich rotierende Hamsterrad als zwar unbequeme, aber letztlich angenehmere Alternative empfinden. Denn solange wir beschäftigt sind, müssen wir nicht an andere unerledigte Dinge ran, die für den einen oder anderen vielleicht eine große Hürde darstellen. Das mag eine wichtige Entscheidung im Beruf sein, die Planung des nächsten Karriereschrittes, die längst fällige Weiterbildung, das Gespräch mit dem Chef über Aufstiegsmöglichkeiten oder auch nur die Klärung schlummernder Konflikte mit den lieben Kollegen. Das mögen aber auch wichtige private Weichenstellungen sein: Heiraten: ja oder nein? Haus: ja oder nein? Kind: ja oder nein? Und überhaupt: Was hab ich noch so vor in meinem Leben, worin sehe ich eigentlich den tieferen Sinn? Solche und ähnliche Punkte gehen die meisten eher nicht an, solange noch andere Aufgaben dringlicher und wichtiger erscheinen. Auf diese Weise hält einen der Zeitmangelsumpf manchmal eben nicht nur von einem ruhigen Familienabend ab, sondern auch von wichtigen, lebensverändernden Entscheidungen.

Der Zeitmangelsumpf hat im Übrigen mit dem Stresssumpf manches gemeinsam: Auch er ist gesellschaftlich absolut anerkannt. Wer heute erklärt: »Ich habe keine Zeit«, stößt im Regelfall auf großes Verständnis. Solange Sie so reden, ist Ihr Gesprächspartner beruhigt. Denn keine Zeit zu haben ist ja der Normalfall – ja: Es scheint sogar ein ausgesprochen gutes Zeichen zu sein. Wenn Sie im Beruf oder zuhause sehr eingespannt sind, werden Sie ganz offensichtlich dringend gebraucht: Sie sind wichtig, Sie haben Erfolg. Beunruhigend wird es erst dann, wenn Sie Zeit haben, noch beunruhigender, wenn Sie *viel* Zeit haben. Dann scheint irgendetwas nicht zu stimmen – mit Ihrem Job, mit Ihrer Familie. Gekündigt vielleicht? Oder getrennt lebend? Solche Assoziationen entstehen automatisch, auch wenn sie völlig unsinnig sind. Aber sie entsprechen eben unseren Konditionierungen und gesellschaftlichen Erwartungen: Wer viel arbeitet und wenig Zeit hat, gilt häufig immer noch als besserer Mensch.

Einfach mehr Zeit

Nun ist es ja nicht so, dass objektiv zu wenig Zeit vorhanden ist. Sicher: Manchmal eilt ein Projekt oder Vorhaben besonders, und man wäre froh, wenn einem tatsächlich ein paar Stunden mehr zur Verfügung stünden. Aber im Übrigen gilt: Alle verfügen über dasselbe Zeitkontingent, 24 Stunden am Tag, das macht im Jahr immerhin rund 8.760 Stunden. Interessanter ist da schon die Frage, wo die Zeit, die wir verbringen, bleibt. Es sieht zumindest sehr stark danach aus, als ob viel Zeit nicht so verstreicht, wie wir planen – wenn wir planen. Und bei dem Wort »planen« mögen sich nun für manchen recht negative Assoziationen ergeben. Denn für viele von uns gilt immer noch der Grundsatz: Zeitmanagement macht keinen Spaß. Das geht schon Schulkindern so, die morgens nicht in die Socken kommen, knapp den Bus erwischen, unvollendete Deutschaufsätze abgeben, den Heimweg vertrödeln und viel zu spät mit den Hausaufgaben anfangen, sodass sie bis in den späten Abend daran sitzen. Dieses Verhaltensmuster, dieses planlose Zeitverbringen zieht sich dann bei vielen durchs ganze Leben. Natürlich: Früher oder später erkennen wir die Misere und nehmen frohen Mutes ein Zeitplanungsbuch zur Hand. So groß das Problem des Zeitmangels für viele ist, so unübersehbar ist auch die Menge an Ratgebern in Buchform. Und so unterschiedlich die Lösungsansätze auch sein mögen, viele Zeitplanungsbücher ereilt das gleiche Schicksal: Sie werden häufig gekauft, seltener gelesen und noch seltener werden ihre Ratschläge befolgt. Das mag daran liegen, dass Ihnen die Vorstellung von langen To-do-Listen, von Tagesplanung im Viertelstundentakt und von Tages- und Wochenrückschauen dann doch ziemlich fremd ist. In der Tat: Viele der propagierten Rezepte erscheinen sehr kompliziert und sind es bei näherer Betrachtung auch. Dennoch kann sich ein wenig Aufwand in dieser Angelegenheit lohnen und eine ganze Menge Vorteile bringen:

o Sie kommen endlich mal raus aus dem Hamsterrad und leben stressfreier. So können Sie den Blick für die wesentlichen Dinge Ihres Lebens schärfen und nebenbei viele Vorstellungen darüber, was Sie »unbedingt« tun müssen, überprüfen – und manches davon vielleicht auch über Bord werfen.

o Sie haben tatsächlich mehr Zeit. Genießen Sie diesen Umstand! Sie brauchen diese Zeit nicht gleich wieder vollzustopfen mit neuen Verpflichtungen. Nutzen Sie stattdessen Ihre neu gewonnenen Zeitinseln, um zu entspannen, um endlich mal wieder etwas zu tun, was Ihnen Spaß macht. Tun Sie einfach das, wonach Ihnen spontan ist – das wird Ihnen guttun!

o Sie haben mehr Energie. Wenn Sie sich weniger für andere aufreiben und einige Ihrer zeitraubenden Gewohnheiten aufgegeben haben, haben Sie viel mehr Reserven für sich selbst. Es steht Ihnen völlig frei, was Sie damit anfangen. Wichtig ist nur, dass Sie achtsam damit umgehen. Versuchen Sie, ein möglichst ausgeglichenes Verhältnis zwischen Ihren verschiedenen Lebensbereichen, Ihrem Beruf, Ihrer Familie, Ihren Hobbys herzustellen – und tanken Sie rechtzeitig und ganz in Ruhe auf, bevor Ihre Energiereserven zur Neige gehen.

o Wer plant, kann besser unterscheiden, was wirklich wichtig ist und was sich lediglich – häufig in der Verkleidung der »Dringlichkeit« – wichtig macht. Das gilt für Ihren Beruf genauso wie für Ihren privaten Alltag. Wenn Sie »wichtig« und »dringend« auseinanderhalten, leben Sie wesentlich entspannter. Denn dann bestimmen Sie die Abfolge Ihrer Prioritätenliste wirklich selbst. Und auf einmal erreichen Sie Ihre Ziele tatsächlich schneller als zuvor und müssen sich dabei nicht einmal so anstrengen wie früher.

o Sie werden sich über die verschiedenen Rollen, die Sie in Ihrem Leben spielen, klar: im Beruf, in der Familie, unter Freunden usw. Es ist Ihnen bewusst, dass jede dieser Rollen Zeit beansprucht. Nicht nur Ihre beruflichen Termine haben einen Eintrag in Ihrem Kalender verdient, sondern alle Beschäftigungen und Unternehmungen, die Ihnen guttun und Sie Ihren Zielen näher bringen. Und vielleicht erkennen Sie auch, dass Sie ein oder zwei Rollen zu viel übernommen haben. Dann verabschieden Sie sich von der einen oder anderen. Am besten von solchen, die Ihnen sowieso nicht viel bedeuten. Dann haben Sie mehr Zeit für die anderen, die Ihnen wirklich wichtig sind.

o Mehr Zeit haben bedeutet auch: Sie können sich Gedanken über Ihre Ziele machen, die Sie in jeder Ihrer Rollen erreichen wollen. Es zählen schließlich nicht nur Ihre

Etappensiege im Job, sondern auch die vielen kleinen Fortschritte, die Sie mit Ihren Kindern, Ihren Freunden oder einfach mit sich selbst machen.

o Sie können sich von falsch verstandener Disziplin befreien. Wenn Sie nur die Ziele verfolgen, die wirklich Ihre eigenen sind, dann müssen Sie sich dafür weder quälen noch schinden. Durststrecken kann es natürlich immer geben, aber im Grunde machen Ihnen Ihre Projekte Spaß, und das hat mit den altbekannten Strampelattacken im Sumpf überhaupt nichts mehr zu tun.

o Zu guter Letzt: Sie leben in Balance. Sie stecken nicht mehr Ihre ganze Energie in Ihren Job oder in Ihre Familie. Nein, Sie nehmen sich genug Zeit für beides – und mehr noch: Sie nehmen sich Zeit für Ihre Freunde, kümmern sich um Ihre Gesundheit und tanken Energie, indem Sie abschalten und beispielsweise mal ins Theater gehen. Schließlich können Sie sich auch mal mit einer anderen wichtigen Frage auseinandersetzen: Was gibt dem Leben Sinn? Wenn Sie eine solche Balance hergestellt haben, werden Sie sich erfüllt und ausgeglichen fühlen – auch wenn es in Ihrem Leben sicher ab und zu mal turbulent wird. Das ist letztlich ganz normal und lässt sich durch gute Schopfstrategien auch wieder in die richtigen Bahnen lenken.

Raus aus dem Sumpf – für alle Zeit

Zeitplanung hat also viele Vorteile – und erfordert in der einfachsten Variante auch nur geringe Investitionen. Viel mehr als ein paar Blätter Papier und einen Kalender brauchen Sie nicht. Auch der Zeitaufwand selbst ist gering. Wenn Ihnen Zeitmanagementsysteme, die Sie vielleicht schon mal ausprobiert haben, sehr kompliziert vorkamen, dann machen Sie sich Folgendes bewusst: Letztlich sind es knapp zusammengefasst drei Schritte, die Ihnen zu mehr Zeit verhelfen:

1. Schritt: Klarheit durch Selbstbeobachtung
Zunächst einmal müssen Sie gar nichts tun – nur innehalten und Ihren Tagesablauf anschauen:

- Was machen Sie den ganzen Tag?
- Welche Störungen treten auf?
- Wo liegen Ihre persönlichen Leistungshochs? Und in welchen Phasen bringen Sie eher weniger zustande?
- Welche Tätigkeiten brauchen erheblich mehr Zeit, als Sie dachten? Und bei welchen sind Sie häufig schneller fertig als geplant?
- Haben Sie am Ende des Tages Ihr Pensum geschafft oder übertragen Sie immer wieder Vorhaben auf den Folgetag?

Um all das herauszubekommen, empfiehlt es sich, kurze Tagesprotokolle anzulegen. Diese Protokolle müssen wirklich nicht ausführlich oder romanartig ausfallen. Kurze stichwortartige Aufzeichnungen erfüllen voll und ganz ihren Zweck, der darin besteht, Ihnen einen verlässlichen Überblick über den Tagesablauf und vor allem die Störquellen zu geben.

2. Schritt: Ein Plan, der sitzt
Auf Grundlage der Erkenntnisse aus Ihren Tagesprotokollen können Sie nun ein Zeitmanagement erstellen, das zu Ihnen passt. Auch hier gilt wieder: Es gibt so viele Planvarianten, wie es Zeitmanagementsysteme gibt. Wenn wir mal den ganzen theoretischen Ballast außen vor lassen, könnte ein einfacher Plan so aussehen:

- Zuerst die Freizeit einplanen! Pro Woche sollte ein Tag komplett zur freien Verfügung stehen. Legen Sie diesen Tag immer gleich zu Anfang fest und schreiben Sie ihn in

Ihren Kalender. Von selbst stellt sich Freizeit nämlich nur selten ein.

o Pro Tag eine freie Stunde vorsehen: Das ist genauso wichtig. Auch hier gilt: Wenn die freien Zeiten nicht geblockt werden, ist diese eine Stunde pro Tag schnell wieder durch anderes verplant.

o Feste Termine eintragen: Anschließend tragen Sie alle Termine ein, die unverrückbar sind: Konferenzen, Kundengespräche; Arzttermine, Fitnessclub; Familientermine.

o Pufferzeiten vorsehen: Verplanen Sie pro Tag nur maximal 60% der zur Verfügung stehenden Zeit. Der Rest bleibt frei für Unvorhergesehenes oder Störungen aller Art, die Sie nicht abstellen können.

o Einzeltermine eintragen: Erst am Schluss tragen Sie Einzelaktionen ein, insbesondere Vorhaben, die sich aus Ihren längerfristigen Plänen ergeben (zum Beispiel Projektarbeit am Montagvormittag; Kleidungskauf mit den Kindern am Donnerstagnachmittag usw.). Berücksichtigen Sie dabei auch Ihre persönliche Leistungskurve.

3. Schritt: Nur noch umsetzen

Jetzt müssen Sie den Plan nur noch in die Realität umsetzen – bildlich gesprochen also den ersten Schritt aus dem Sumpf tun. Und was so einfach klingt, stellt leider oft das größte Hindernis dar. Für die Umsetzungsphase sind am Anfang vor allem zwei Tipps besonders wichtig:

o Fangen Sie einfach schon mal an. Auch wenn der Plan Ihrer Ansicht nach noch nicht perfekt ist, auch wenn Sie noch nicht das optimale Verhältnis zwischen all Ihren Rollen und Zielen erreicht haben. Den perfekten Zeitplan werden Sie wahrscheinlich erst nach ein paar Wochen Übung erzielen, und es hindert Sie niemand, Ihren Plan laufend an veränderte Bedingungen und bessere Er-

kenntnisse anzupassen. Viel wichtiger ist, dass Sie möglichst rasch erste Erfahrungen sammeln.

○ Und ebenso wichtig: Halten Sie durch. Auch wenn Sie
nach ein paar Tagen meinen, dass Sie und Ihr Plan wohl
niemals Freunde werden oder wenn Sie den Eindruck
gewonnen haben, dass es jetzt doch schon ohne Plan laufen müsste: Machen Sie trotzdem weiter. Denn wenn Sie
aufgeben, steht vor allem eins sicher fest: Sie werden
auch in Zukunft viel Zeit verlieren.

Sackgassen vermeiden

Natürlich sind Rückschläge nicht ganz ausgeschlossen. Der
Sumpf ist zäh und lässt einen nur schwer los, nicht jede
Exitstrategie ist sofort von Erfolg gekrönt. Vielleicht ist bei
der folgenden Aufzählung typischer Planungsfehler etwas
dabei, was Ihnen den Weg aus dem Sumpf verwehrt.

Zu viel geplant: Möglicherweise haben Sie Ihre Tage zu voll
gestopft. Denken Sie daran: Sie sollten bei der Planerstellung
maximal 60 Prozent Ihres Arbeitstages verplanen! Halten Sie
die übrige Zeit frei, um auf Unvorhergesehenes, Pannen und
Störungen aller Art reagieren zu können. Es kann auch sein,
dass Sie noch zu viel Zeit in Ihre Planung stecken. Abhilfe
könnten in diesem Fall Checklisten schaffen: Diese Listen
enthalten alle Arbeitsschritte von Tätigkeiten, die Sie immer
wieder erledigen müssen. Haben Sie einmal eine vollstän-
dige und übersichtliche Checkliste aufgestellt, können Sie
diese immer wieder nutzen. Das spart enorm viel Zeit, vor
allem dann, wenn Sie die zu erledigenden Einzelaktionen
bereits in der richtigen Reihenfolge notiert haben. Solche
Checklisten eignen sich zum Beispiel, wenn Sie

○ zu einem Meeting einladen,
○ eine Reise (egal, ob dienstlich oder privat) vorbereiten,

o ein technisches Experiment durchführen,

o eine Recherche vornehmen,

o ein neues Projekt planen,

o einen Vorgang mit verschiedenen Abteilungen oder mit Ihren Familienmitgliedern abstimmen.

Zu wenige Pausen: Auch wenn Sie sich nach sechs Stunden Arbeit immer noch topfit fühlen: Sie tun sich mittelfristig keinen Gefallen damit, wenn Sie stundenlang durchpowern, ohne Pausen zu machen. Füllen Sie Ihre Kraftreserven lieber auf, bevor sie zur Neige gehen. Faustregel: Alle 45 Minuten eine Pause einlegen. Fällt es Ihnen schwer, danach wieder zu Ihrer Arbeit zurückzukehren, können Sie Ihre Arbeitsphasen auch auf 90 Minuten ausdehnen. Spätestens dann aber sollten Sie sich eine Auszeit nehmen. Denn: Oft erholen Sie sich dabei nicht nur, sondern kommen auch auf gute, neue Gedanken. Die große Bedeutung der Pausen wird auch noch im nächsten Abschnitt beim Thema Konzentration erläutert (siehe dazu die Seiten 124 ff.).

Zu viel Verschiedenes: Es ist sehr anstrengend, wenn Sie zuerst ein paar Minuten telefonieren, sich dann eine Viertelstunde lang dem Controlling widmen, dann Mails schreiben, dann zum Controlling zurückkehren, dann ein paar Minuten Brainstorming für Ihr neues Projekt machen, anschließend wieder telefonieren und so weiter. Versuchen Sie lieber, Ihre Arbeiten zu bündeln: zum Beispiel zuerst alle Telefonate, dann das Controlling, anschließend die neuen Mails und zum Abschluss eine Runde Brainstorming. Unterbrechungen, vor allem die durch moderne Kommunikationsmittel, sind heimtückische Konzentrationskiller: Sie schleichen sich unbemerkt an, werden oft als Abwechslung sogar noch dankbar willkommen geheißen … und richten dann maximalen Zeitschaden an.

Zu wenig delegiert: Es ist ein Zeichen für Professionalität – und nicht für Faulheit! –, wenn Sie so viel wie möglich nicht selbst erledigen. Das gilt vor allem für weniger wichtige Tätigkeiten oder für solche, die zwar dringend sind, mit Ihren eigenen Prioritäten aber nichts zu tun haben. Fragen Sie sich bei jedem Punkt Ihrer Tagesplanung:

○ *Muss* ich das wirklich tun?
○ Muss *ich* es wirklich selbst tun?

Für alles, was Sie delegieren, gilt: Übergeben Sie das Gesamtpaket und kontrollieren Sie nach Möglichkeit nur das Endergebnis. Aller Voraussicht nach wird die Person, die Sie beauftragen, anders und in einer anderen Reihenfolge vorgehen, als Sie selbst es tun würden. Das heißt nicht, dass deren Vorgehen falsch ist. Akzeptieren Sie, dass verschiedene Wege zum Ziel führen können. Und nehmen Sie auch ein Ergebnis an, das nicht zu hundert Prozent so aussieht, wie Sie sich das vorgestellt haben. Denn sonst geraten Sie im beruflichen Feld in eine Falle, die im privaten Haushaltsmanagement als »Nachputzen« bekannt ist: Sie machen sich nicht nur selbst unnötige Mehrarbeit, Sie demotivieren auch die Person, die Ihre Arbeit erledigt hat.

Zu viel Ablenkung: Rufen Sie gerne »Ja, hier!«, wenn jemand eine Bitte äußert? Dann ist es eigentlich nicht verwunderlich, wenn Sie Ihren eigenen Zeitplan nicht einhalten können. Üben Sie gezielt das Wörtchen »Nein«. Das wird Ihnen umso leichter fallen, wenn Sie Sache und Person trennen. Zum Beispiel so: »Ich kann gut verstehen, dass du in deiner Situation jetzt Hilfe brauchst. Leider habe ich im Moment keine Möglichkeit einzuspringen.« So haben Sie »Ja« zur Person gesagt, aber ein klares »Nein« zur Sache vorgebracht.

Zu wenig Zeit: Fühlen Sie sich völlig unmotiviert, Ihren eigenen Zeitplan einzuhalten? Dann unterziehen Sie diesen

Plan ruhig noch einmal einer kritischen Überprüfung. Haben Sie Ihre eigenen Projekte ausreichend berücksichtigt? Oder beherrschen Termine, die andere Ihnen verpasst haben, Ihren Terminkalender? Haben Sie genügend Pausen und Belohnungsphasen für sich selbst vorgesehen? Vielleicht haben Sie bei Ihrer Planung Ihren eigenen Bedürfnissen zu wenig Raum gewidmet, vielleicht haben Sie auch die falschen Projekte in Angriff genommen – also solche, die andere Menschen Ihnen eingeflüstert haben. Oder Sie haben sich Belohnungen ausgesucht, die zwar allgemein als begehrenswert erscheinen, Ihnen selbst aber gar nichts bedeuten.

Zu langsame Technik: Das mag erst mal sonderbar erscheinen, aber vielleicht verlieren Sie jeden Tag eine Menge Zeit, weil Ihre Technik nicht gut funktioniert: Das kann an Ihrem Computer liegen, der sehr langsam arbeitet oder durch seine regelmäßigen Abstürze jeden Tag ein bis zwei Stunden Zeit frisst. Deshalb: Überprüfen Sie die Infrastruktur. Vielleicht können Sie auch Ihre Arbeitstechniken verbessern? Es spart beispielsweise enorm viel Zeit, wenn Sie mit zehn Fingern tippen können oder sich angewöhnen, ein Spracherkennungssystem einzusetzen. Oder müssen Sie viel lesen? Dann könnte es sich lohnen, eine Schnell-Lese-Technik zu trainieren. Zugegeben: Sie müssen erst einmal Zeit investieren, um sich effektivere Arbeitstechniken anzueignen. Aber langfristig kann Ihnen das erhebliche Zeitgewinne verschaffen.

Ineffektive Kommunikation: Schauen Sie mal auf die Uhr und kontrollieren Sie, wie lange Sie für das Verfassen einer E-Mail brauchen. Zwölf Minuten? Wie lange dauert bei Ihnen ein durchschnittliches Telefongespräch? Fünf Minuten? Wenn Ihnen die investierte Zeit zu lang erscheint, dann kürzen Sie Ihr Zeitbudget hier. Nicht jede E-Mail muss in vollendeter Sprache verfasst und eine halbe Textseite lang sein. Richten Sie in Ihrem Mailprogramm Vorlagen ein, die mindestens Ihre Grußformel und vielleicht auch noch Ihre Kontaktdaten, also Ihre Funktion im Unternehmen, die Adresse mit Telefonnummern und die Homepage, enthalten. Fassen Sie sich kurz – häufig reichen folgende Angaben:

o   Worum geht es?

o   Wen betrifft es?

o   Gibt es einen Zeitrahmen?

Ähnliches gilt für das Telefon: Bleiben Sie höflich, aber bleiben Sie bei den Fakten, wenn Sie keine unnötige Zeit verschwenden möchten. Vermeiden Sie Anrufe bei Quasselstrippen, kommunizieren Sie mit diesen Personen lieber per E-Mail.

Möglicherweise erscheint Ihnen das alles nun sehr schulmäßig und viel zu detailliert. Es geht auch gar nicht darum, von heute auf morgen ein perfektes Zeitmanagementsystem einzuführen und alles minutiös umzusetzen. Greifen Sie zunächst einfach nur mal einen oder zwei Punkte heraus, die in Ihrer Situation Aussicht auf Erfolg versprechen. Wenn das dann tatsächlich zum Erfolg führt – sehr gut. Wenn nicht: Dann probieren Sie etwas anderes aus. Eine große Zeitersparnis können Ihnen übrigens auch die Tipps im nächsten Kapitel bringen – denn wer konzentriert an einer Sache arbeitet, hat dabei nicht nur mehr Freude, er wird auch schneller fertig. Aber wie immer haben Sie hier zunächst einmal die Möglichkeit, sich das zu notieren, was Sie von der Schopftechnik »Nutzen Sie die Zeit« für sich umsetzen wollen.

Konzentrieren Sie sich

Mit aller Aufmerksamkeit bei einer Sache sein, ganz und gar in einer Aufgabe aufzugehen und darin zu versinken, das scheint heute immer seltener zu funktionieren. Wir versinken wohl, nur leider selten in *einer* Aufgabe. Viel häufiger sehen wir uns einer Unzahl von Herausforderungen, Ablenkungen und Reizen gegenüber, die alle eine Reaktion zu erwarten scheinen. Wir reagieren und versinken dabei – als ungewollte Nebenfolge – im Sumpf der Ablenkungen und Zerstreuungen.

Die zwei Quellen des Zerstreuungssumpfes

Man muss keine großen wissenschaftlichen Untersuchungen anstellen, um konstatieren zu können, dass konzentriertes Arbeiten, überhaupt jede konzentrierte Tätigkeit immer schwerer fällt. Darüber klagen Lehrer in den Schulen, und das eigene Berufsleben ist ja möglicherweise auch nicht zu selten geprägt von der Feststellung: »Ich komm heute zu nichts, dauernd klingelt das Telefon oder es kommt jemand mit einem Problem.« Woran liegt es, dass uns Konzentration so schwerfällt? Es sind im Wesentlichen zwei Quellen, die den Zerstreuungssumpf nähren.

Da ist zum einen die Arbeitsweise unseres Gehirns. Es ist zur Konzentration fähig, zweifelsohne. Nur entspricht diese Arbeitsweise nicht seinem Grundzustand. In Ruhephasen ist das Gehirn gewissermaßen auf Weitwinkel gestellt. Es scannt – zerstreut zwischen wechselnden Reizen – die Umwelt, immer auf der Suche nach Interessantem oder Gefährlichem. Taucht eine vielversprechende Abwechslung auf, richtet sich unsere Aufmerksamkeit darauf, um im Anschluss daran gleich wieder zum nächsten Reiz zu springen. Natürlich hatte und hat diese Arbeitsweise seine Berechtigung. Ein spätsteinzeitlicher Höhlenmensch wäre wahrscheinlich nicht alt geworden, wenn er sich stundenlang, ganz versunken im Hier und Jetzt, seiner Höhlenmalerei gewidmet und erst reichlich spät von dem leise nahenden Braunbären Notiz genommen hätte, der auch, aber eben nicht nur als Kunstliebhaber in die Höhle gekommen ist. Und auch heute noch ist diese »Fehlerscan-Software« nützlich und notwendig, nur eben manchmal auch hinderlich.

Und dann gibt es noch einen zweiten Aspekt – die schöne neue Welt, reizüberflutet und tendenziell eher konzentrationsfeindlich. Das Informationszeitalter, in dem wir leben, ist geprägt von ständiger Reizüberflutung. (Nein: Das wird jetzt keine allgemeine Kulturkritik. Aber für das Thema Konzentration ist es wichtig, sich diesen Mechanismus zu verdeutlichen.) Von überall her und nahezu an jedem Ort (Handy! Blackberry! I-Pad!) erreichen uns in kurzer Taktung Informationen von unterschiedlicher Relevanz, aber alle im Gewande höchster Dringlichkeit. Was bekannte PC-Programme vormachen – nämlich möglichst viele Fenster parallel offenzuhalten und dabei nach Möglichkeit nicht abzustürzen – machen wir in Form von Multitasking nach: möglichst viel auf einmal erledigen. Dabei, das zeigen zahlreiche Untersuchungen, scheint der Mensch dafür nicht geschaffen. In einem Experiment steuerten Versuchspersonen in einem Simulator ein Fahrzeug und führten gleichzeitig ein Telefonat. Sie verursachten auf einer kurzen Strecke häufiger Unfälle als eine Vergleichsgruppe, die nur das Kfz steuerte – dabei aber 0,8 Promille Alkohol im Blut hatte und damit nach herkömmlicher Auffassung eigentlich fahruntüchtig war. Die Schlussfolgerung aus diesem und ähnlichen Versuchen: Das Gehirn verarbeitet Reize seriell, nicht parallel – ist bei Multitasking also schnell überfordert. So tun wir also vieles auf einmal, aber nichts mit unserer ganzen Aufmerksamkeit.

Wir sind – ob im Beruf, bei einer anderen Tätigkeit zu Hause oder bei einem Hobby – beschäftigt, aber nicht konzentriert.

Die Schopfstrategie

»Und wie geht das, Papa?« So lautete die leicht genervte Frage meiner Tochter, als ich sie vor Jahren – da hatte sie gerade mit dem Gymnasium begonnen – mal wieder mit dem vielleicht auch Ihnen bekannten Standardsatz konfrontierte: »Jetzt konzentrier dich doch!« Eben – wie geht das eigentlich? Einen Schalter dafür haben wir ja nicht am Hinterkopf. Und im Zerstreuungssumpf zu sitzen und auf den Konzentrationsblitz zu warten – das kann dauern, und wenn der Blitz dann endlich kommt, dann muss er einen auch noch treffen. Also: Wie geht Konzentration? Wie muss ich am eigenen Schopf ziehen, um mich tatsächlich aus diesem Sumpf herauszuholen?

Es sind im Wesentlichen zwei Faktoren, die Konzentration bedingen. Erstens: ein klares Ziel. Zweitens: die Abschirmung vor Störungen.

1. Ein klares Ziel vor Augen haben

Ein klares Ziel vor Augen zu haben, unsere Aufmerksamkeit auf etwas zu richten, das wir erreichen wollen, ist ein ganz entscheidender Faktor konzentrierten Tuns. Dieses Ziel hat gewissermaßen die Funktion eines Magneten. Es zieht unsere Gedanken und mentalen Kräfte an und hält sie gleichzeitig davon ab, im Scanmodus weiterzusuchen nach neuen, interessanten Reizen. Das Ziel ist die Aufgabe, die Sie sich vorgenommen haben. Je klarer und interessanter sie definiert ist, desto stärker ist auch die mentale Anziehungskraft – und desto weniger anfällig werden Sie für Ablenkungen aller Art sein. Umgekehrt gilt: Wenn die Anziehungskraft der Aufgabe nachlässt, dann wird es nicht lange dauern, und wir werden wieder dorthin hineingezogen, wo wir doch eigentlich gerade raus wollten: in den Sumpf der Zerstreuung.

Nachlassende Anziehungskraft des Ziels – das kann vor allem dann passieren, wenn es uns langweilt oder wenn es uns überfordert. In beiden Fällen wird die Aufgabe für unser Gehirn unattraktiv, und es wird sich auf die Suche begeben nach etwas, was seinen Vorstellungen mehr entspricht. Positiv gewendet bedeutet das: Ein Ziel, das uns ausreichend und nachhaltig anzieht (und damit konzentrationsfördernd ist), darf uns weder über- noch unterfordern. Herausforderung und persönliche Fähigkeiten müssen sich die Waage halten:

○ Ist eine Aufgabe zu schwer und übersteigt sie unsere Fähigkeiten, wird unser Gehirn sehr schnell überfordert, es kann Wichtiges von Unwichtigem nicht mehr unterscheiden, schließlich bricht es zusammen. Erfolgserlebnisse sind dann nicht mehr möglich, Frustration, Niedergeschlagenheit und Selbstzweifel stellen sich ein – das ist also alles nicht konzentrationsfördernd. Hinzu kommt, dass wir bei Überforderung schnell in Stress geraten können, je nach Grad der Überforderung sogar in Angst oder gar Panik, was in unserem Körper zu einer gesteigerten Adrenalinausschüttung führt. Für unser Gehirn stellt dies eine weitere Beeinträchtigung dar: Je mehr Adrenalin in unserem System kreist, desto weniger klar können wir denken. Denn Adrenalin (das wurde ja schon bei den Techniken zur Bewältigung des Stresssumpfes dargestellt) verstopft gewissermaßen die Verbindung zwischen den Nervenzellen im Großhirn (die Synapsen). Ein Teufelskreis. Um dies zu vermeiden, tendiert unser Geist natürlicherweise zum Ausweichen, um möglichst schnell zu einer einfacheren und angenehmeren Tätigkeit zu wechseln.

○ Ist dagegen eine Sache zu leicht, verliert unser Gehirn ebenfalls die Fähigkeit, Wichtiges von Unwichtigem zu unterscheiden, die Aufmerksamkeit geht verloren, und Langeweile stellt sich ein. Langeweile allerdings ist ein richtiger Konzentrationskiller. Dies zeigt sich recht deutlich bei hochbegabten Kindern, die nicht ausreichend gefordert werden – und dann nicht selten beginnen, den Unterricht zu stören. Denn unser Gehirn kann den Zustand von Leere und Langeweile nicht allzu lange ertragen und macht sich schnellstmöglich auf die Suche nach neuen, stimulierenderen Reizen und Tätigkeiten.

Die konzentrationszerstörende Wirkung der Unterforderung wurde in einem Experiment deutlich, das die Londoner Neuropsychologin Nilli Lavie durchführte. Die Versuchsteilnehmer sollten auf einem Bildschirm Wörter lesen. Gleichzeitig flackerten im Hintergrund des Monitors immer wieder diverse Muster auf. Die besten Ergebnisse erzielten die Teilnehmer, die von der Leseaufgabe ausreichend gefordert wurden: Der Text musste Interesse wecken, er durfte nicht zu leicht oder zu kurz sein. Die Muster im Hintergrund beachteten sie dann nicht mehr. Anders verhielt es sich, wenn die Texte sehr leicht waren. Man würde erwarten, dass die Ergebnisse dann besonders gut ausfielen. Dem war aber nicht so. Der Effekt war nämlich, dass den Probanden langweilig wurde und ihre Aufmerksamkeit sich vermehrt auf die Muster im Hintergrund richtete. Die Leseaufgabe trat in den Hintergrund, die Konzentration nahm ab.

Wenn uns eine Tätigkeit also fordert, ohne uns zu überfordern, können wir mit unserer Aufmerksamkeit länger bei ihr bleiben und befinden uns in einem Zustand entspannter Konzentration. Ein ideales Ziel ist also eines, das Sie fordert (keine Langeweile!), bei dem Sie aber das gute Gefühl haben, es erreichen zu können (keine Überforderung!).

2. Abschirmung vor Störungen

Diese zweite Voraussetzung wird oft unterschätzt – und doch ist sie von existenzieller Bedeutung für die Konzentration.

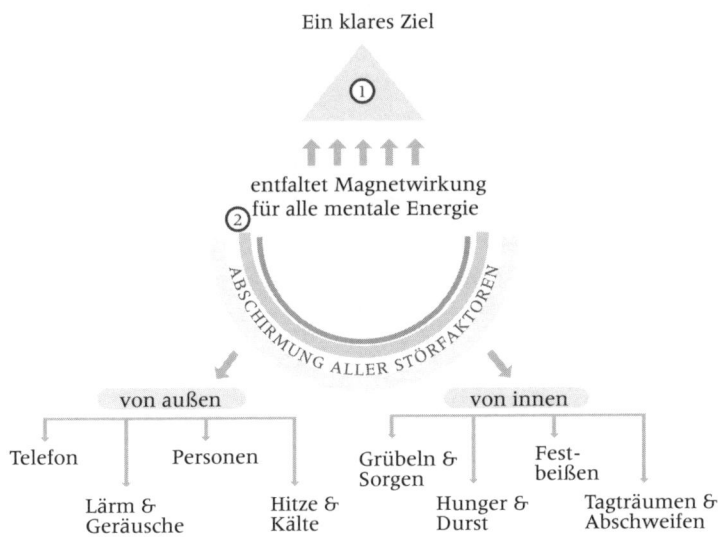

Störungen stellen vor allem im Berufsleben, aber auch bei anderen Tätigkeiten häufig das eigentliche Hindernis dar. »Ununterbrochen unterbrochen«, so lautete eine Überschrift in der Wochenzeitschrift »Die Zeit«. Untersuchungen hatten gezeigt, dass man dem Phänomen »Unterbrechungen in der Arbeitswelt« wohl bisher zu wenig Aufmerksamkeit geschenkt hatte. Vor allem aber: Unterbrechungen kosten Geld, und zwar viel Geld. Allein die US-amerikanische Volkswirtschaft soll deswegen jährlich knapp 600 Milliarden US-Dollar verlieren. Wie das gehen soll, fragen Sie sich? Das ist gar nicht so schwer, wenn man sich mal die Forschungsergebnisse einer Studie der University of California ansieht:

○ Elf Minuten – so lange kann sich ein durchschnittlicher Schreibtischarbeiter einer Aufgabe widmen, dann wird er unterbrochen.

○ 25 Minuten – so lange dauert es, bis man nach einer Unterbrechung wieder zu seiner ursprünglichen Aufgabe zurückgekehrt ist. Das dauert vor allem deswegen so lange, weil man sich nach jeder Unterbrechung durchschnittlich erst einmal zwei anderen Aufgaben zuwendet, bevor man wieder zur ursprünglichen Tätigkeit zurückkehrt.

○ Acht Minuten – bis man dann wieder richtig in der ursprünglichen Tätigkeit drin ist, braucht es durchschnittlich weitere acht Minuten.

○ Drei Minuten – das ist die effektive Arbeitszeit, die bis zur nächsten Unterbrechung verbleibt. Vorausgesetzt, die nächste Unterbrechung hält sich an den statistischen Elf-Minuten-Rhythmus.

Störungen können von außen kommen, in Form von Unterbrechungen durch Telefonate, E-Mails, Kollegen oder Familienangehörige, die uns nur »ganz kurz« etwas fragen wollen. Stören können der Bau- oder Straßenlärm, ein voller Schreibtisch, auf dem wir lauter unerledigte Aufgaben erblicken, und natürlich können auch ein zu warmes oder zu kaltes Zimmer, Zugluft oder einfach nur ein unbequemer Stuhl als störend empfunden werden. Aber Störungen kommen nicht nur von außen. Unterbrechungsforscher unterscheiden zwischen externen und internen Störungen und konstatieren, dass man sich ebenso oft selbst unterbricht (sich externe und interne Störungen also die Waage halten): durch plötzlich auftauchende Sorgen, über die wir nachgrübeln, durch Tagträumereien, Festbeißen an nebensächlichen Problemen oder dem spontanen Verlangen nach der nächsten Tasse Kaffee. So entsteht am Ende der bekannte »Säge-blatteffekt«, der Hauptfeind effizienten Arbeitens. Nach und nach kommt uns unsere Aufgabe immer anstrengender vor, und wir entfernen uns immer mehr von einem Zustand, den man Konzentration nennen könnte.

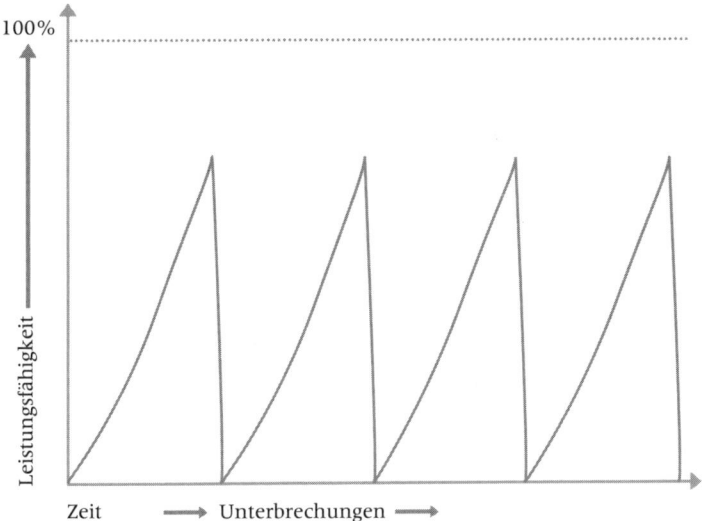

Aber wie herauskommen aus diesem Sumpf von Ablenkun-gen und Unterbrechungen? Vielleicht hilft es, sich in eine ruhigere Ecke des Sumpfes zurückzuziehen und – vor al-lem – einen kleinen Schutzwall um sich zu errichten. Zum Gelingen können die folgenden praxiserprobten Tipps bei-tragen:

o Notieren Sie erst einmal eine Woche lang jede Störung. Analysieren Sie, welche Ihre häufigsten Konzentrations-killer sind und ob Sie bestimmte Schwerpunktzeiten im Tagesablauf feststellen können, an denen sie auftreten. Das mag für eine ganze Woche etwas mühsam erschei-nen und als eine weitere Störung empfunden werden. Es macht sich aber bezahlt, denn danach können Sie viel bewusster und leichter gegensteuern.

○ Versuchen Sie sich zumindest für eine gewisse Zeit am Tag (zum Beispiel eine Stunde gleich am Morgen oder am Abend) abzuschotten, in der Sie weder telefonisch noch anderweitig zu sprechen sind. Im Büro können Sie Mitarbeitern und Kollegen die Gründe erklären, dann wird Ihr »Bitte vorübergehend nicht stören«-Schild in aller Regel respektiert werden. Aber auch zu Hause kann eine solche »Auszeit zum konzentrierten Arbeiten« Wunder wirken. Die elektronische Kommunikation sollten Sie in diesen Phasen auf jeden Fall – egal, ob im Büro oder zu Hause – einstellen. Vor allem sollten Sie sich in diesen Phasen von E-Mails fernhalten. Büroangestellte beispielsweise beschäftigen sich durchschnittlich 40-mal am Tag mit dem elektronischen Postfach am PC – rund dreieinhalb Jahre ihres Berufslebens vergeuden Manager heute mit unwichtigen E-Mails. Manche Firmen geben deshalb die Devise aus, E-Mails nur noch zweimal am Tag zu lesen und zu beantworten – ein Eigenversuch in diese Richtung könnte sich lohnen.

○ Bündeln Sie Ihre Telefonate in »Telefonblöcken«. Notieren Sie fällige Telefonate und setzen Sie sich einen festen Zeitrahmen. Wenn Sie sich vornehmen, zehn Telefonate in einer Stunde zu erledigen, dann ist es zwar durchaus möglich, dass Sie in dieser Zeit nur acht schaffen, doch diese erledigen Sie konzentrierter, als wenn Sie immer mal wieder fremdbestimmt ans Telefon gerufen werden. Die Gefahr, sich dabei zu »verquatschen«, ist viel größer.

○ Sorgen Sie für einen störungsfreien Blick. Das ist ein kleiner, aber dennoch wichtiger Trick: Räumen Sie alles aus dem Blickfeld, was nicht mit der aktuellen Tätigkeit zu tun hat und ablenken kann. Das gilt für den Schreibtisch genauso wie für andere Arbeitssituationen. Zu leicht werden Ihre Gedanken sonst abgelenkt und haken sich an anderen Dingen fest, die ja auch – eben nur nicht jetzt – zu erledigen sind.

o Wenn Ihnen während Ihrer Arbeit etwas anderes einfällt, das Sie von Ihrer momentanen Aufgabe ablenkt: Schreiben Sie es auf (reservieren Sie dafür eine Seite in Ihrem Organizer oder ein Notizdokument im PC oder in Ihrem I-Pad usw.) und beschäftigen Sie sich später damit – für den Moment ist die Sache bearbeitet und gewissermaßen auf »Wiedervorlage« gelegt. Damit sinkt das Störpotenzial solcher plötzlichen Einfälle erheblich.

Der Extra-Schopf: Pausen machen

Ein klares Ziel zu haben und sich vor Störungen abzuschirmen – diese beiden Punkte sind auf jeden Fall entscheidend für den Weg aus dem Zerstreuungssumpf. Es gibt aber noch einen kleinen Hilfsschopf, der häufig unterschätzt wird – die Pausen. Denn selbst wenn Sie mit klarem Ziel und abgeschirmt vor dem Rest der Welt vor sich hinwerkeln, so kommt doch recht bald der Punkt, an dem die Fähigkeit zur Konzentration nachlässt. Das Tückische dabei ist: Er kommt schneller, als viele denken. Denn ebenso, wie viele von uns die ständigen Störungen (und ihre Folgen) nicht mehr wahrnehmen, weil sie eben einfach schon dazugehören, merken wir häufig nicht, dass eigentlich schon längst eine Pause fällig wäre. Der Leistungsverlust ist schleichend, und wir versuchen, die zunehmende Ineffizienz durch ein wenig mehr Verbissenheit auszugleichen … eine Pause scheint da nicht drin zu sein, und schon stecken wir wieder tiefer im Sumpf als geplant.

Zahlreiche Untersuchungen zeigen, dass Konzentration und Effizienz bereits nach 50 Minuten entscheidend abnehmen. Die Leistungskurve sieht typischerweise so aus:

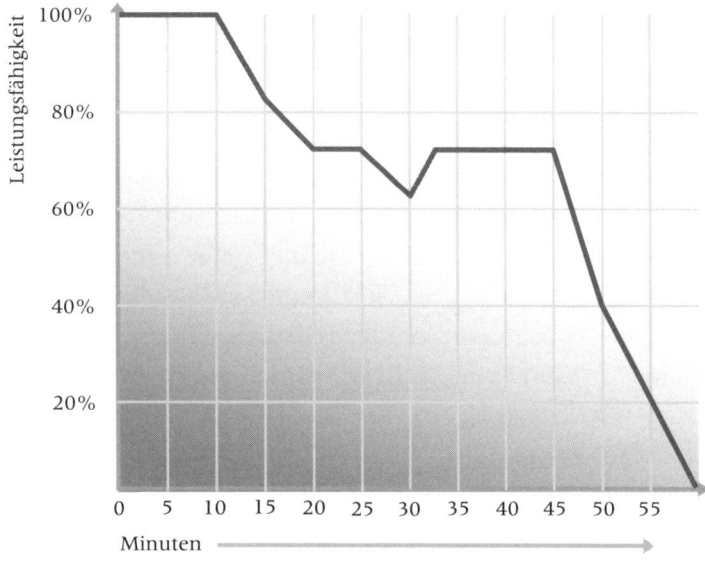

Der Schopf, an dem Sie ziehen können, ist aber leicht zu greifen: Machen Sie nach 50 Minuten konzentrierter Arbeit zehn Minuten Pause, die nach Möglichkeit mit einer Kurzzeit-Entspannungstechnik gefüllt werden sollte (siehe hierzu die Seiten 78 ff.). Das mag am Anfang etwas irritierend sein, da wir ja auf Durcharbeiten geeicht sind. Dieser Bruch mit alten Gewohnheiten wird aber leichter fallen, wenn Sie wiederholt die Erfahrung gemacht haben, um wie viel konzentrierter und effizienter Sie nach solchen Pausen arbeiten können.

Zur Schopfstrategie »Konzentrieren Sie sich« haben Sie hier wieder Gelegenheit, eigene Gedanken und wichtige Anregungen zu notieren.

Kommen Sie in den Fluss

Wer sich an einem ganz normalen Wochentag mal dem – vielleicht etwas zweifelhaften – Vergnügen hingibt, einem Radiosender der Marke »Formatradio« zu lauschen (ohne Namen zu nennen: Das sind im Regelfall die mit den Stau- und Blitzermeldungen und »Bayerns bestem Wetter«), der kann zu einer eigenartigen Erkenntnis kommen. Glaubt man den Moderatoren, dann ersehnt der durchschnittliche Hörer vor allem den Feierabend. Spätestens ab neun Uhr Vormittag wird zielstrebig auf die Mittagspause hingearbeitet, ist diese absolviert, hilft einem der Sender über die Pein des Arbeitsnachmittags hinweg, indem beinahe viertelstündlich die nicht mehr fernen Freuden des Feierabends beschworen werden, vorzugsweise (und jahreszeitenabhängig) Fernsehen oder Grillen. Das ist jetzt vielleicht ein wenig überzogen, was aber hängen bleibt: Arbeit macht keinen Spaß, sie muss ein Teil des Sumpfs sein – und der Feierabend ist das rettende Ufer. Die Arbeit und das restliche Leben als Gegensatzpaar darzustellen, zwei Welten, die sich in leicht unversöhnlicher Haltung gegenüberstehen, scheint im Trend der Zeit zu liegen. Arbeit wird »erlitten«, nicht »erlebt«, und Ausgleich für die »Leiden der Arbeit« suchen viele eben am Feierabend, am Wochenende und im Urlaub. Das ist merkwürdig, ist Arbeit doch eigentlich integraler Bestandteil des menschlichen Daseins, und ebenso merkwürdig ist letztlich auch der neudeutsche Begriff »Work-Life-Balance«, der ein Gegensatzpaar suggeriert.

Ist Sumpfflucht (also möglichst wenig Arbeit) damit das Mittel der Wahl? Zahlreiche Untersuchungen zum Thema »Macht weniger Arbeit zufriedener?« scheinen das Gegenteil zu belegen. Der Börsenhype der 90er-Jahre brachte eine Vielzahl von Arbeitnehmern, die von Aktienprogrammen ihrer Unternehmen profitierten, in die komfortable Lage, als angestellte Millionäre arbeiten zu können. Sie hätten ihre Aktien zu Geld machen und sich zur Ruhe setzen können – und arbeiteten trotzdem weiter. Viele von ihnen forderten sogar von ihren Arbeitgebern kontinuierlich interessantere und spannendere Aufgaben.

Und auch die seit Beginn der Industrialisierung stetig abnehmende Wochenarbeitszeit trägt wenig zum Glück des Arbeitnehmers bei. Es gehört, so hat der Betriebswirtschaftsprofessor Frederick Herzberg schon in den 60er-Jahren des vergangenen Jahrhunderts herausgefunden, zu den modernen Märchen, dass man Menschen zur Arbeit motiviere, indem man sie vom Arbeitsplatz fernhalte.

So scheint es notwendig, vor allem aber auch sinnvoll zu sein, den Mechanismus zu finden, der einem – jenseits der üblichen Motivationsszenarien – den Spaß an einer Sache vermittelt, sei das nun am Arbeitsplatz oder bei einer anderen Beschäftigung in der Freizeit. Den Mechanismus, der es einem ermöglicht, im Fluss zu leben – statt tief im Sumpf festzustecken.

Wie Motivation funktioniert, mit dieser Frage beschäftigen sich ungezählte Wissenschaftler seit Jahrzehnten. Es gibt zahlreiche Erklärungsmodelle, eines der bekanntesten stammt von dem US-amerikanischen Forscher Frederick Herzberg, der gerade schon Erwähnung fand. Er vergleicht einen Menschen, der sich motivieren will (oder der von anderen motiviert werden soll) mit einem Esel. Das ist nicht sehr schmeichelhaft für den Menschen, aber immerhin ziemlich anschaulich. Wer einen Esel zum Laufen bringen will, hat zwei Möglichkeiten:

o Er kann ihm einen Tritt in den Hintern geben. Dann läuft der Esel los, ein Stückchen, und bleibt wieder stehen. Dann muss man wieder treten.

o Oder man lockt den Esel mit dem, was er gerne mag: Karotten. Hält man ihm eine vor die Nase, wird der Esel bereitwillig lostraben, um die Karotte zu erwischen. Irgendwann wird man ihm die Karotte geben müssen, der Esel frisst und bleibt stehen. Es sei denn, Sie winken mit einer neuen Karotte.

Beide dargestellten Methoden sind weitverbreitet, im Arbeitsleben, in der Familie, in Beziehungen – und sie funktionieren sogar. Der Tritt in den Hintern, das sind die Drohungen, Druck, Strafen, Sanktionen, Vorhaltungen, der Appell ans Gewissen. Und die Karotte – das sind die Belohnungen: Prämien, Beförderung, der Firmenwagen, Lob und Anerkennung, Schmeichelei, Zuwendung.

Wie gesagt: Beide Methoden funktionieren, vor allem wenn es um kurzfristige Zielerreichung geht. Sie haben aber auf lange Sicht nicht unerhebliche Nachteile. Denn in beiden Fällen gilt: Entfällt der äußere Motivator, bleibt der Esel stehen. Wenn keiner mehr nachtritt, ist es vorbei mit der Motivation. Und wenn die Karotten alle sind, ebenfalls. Außerdem ist zu befürchten, dass auch die schönsten Karotten irgendwann an Anziehungskraft verlieren – vielleicht nicht beim Esel, wohl aber beim Menschen. Man muss also nachlegen, größere, schönere und wertvollere Karotten, und das wird irgendwann Probleme aufwerfen.

Prinzipiell im Fluss

Mihaly Csikszentmihalyi, US-amerikanischer Wissenschaftler, hat sich viele Jahre mit der Frage beschäftigt, welche Faktoren eigentlich den Spaß an einer Sache ausmachen, unter welchen Bedingungen es möglich ist, eine Aufgabe hochmotiviert, mit guten Ergebnissen und gleichzeitig mit Freude und Leichtigkeit zu erfüllen. Seine Forschungen, die heute unter dem Oberbegriff »Flow« zusammengefasst werden, haben ergeben, dass es maßgeblich zwei Faktoren sind, welche dauerhafte Motivation beeinflussen:

- o Der maßgebliche Faktor, um Spaß an einer Sache zu haben, ist die Herausforderung.
- o Die konkrete Herausforderung muss dabei mit den eigenen Fähigkeiten in Einklang stehen.

Mit diesen zwei Faktoren lassen sich drei Szenarien darstellen:

- o Ihre Fähigkeiten sind sehr gering, die Herausforderung, der Sie sich gegenübersehen, ist dafür ungleich größer. Ein Beispiel aus der Arbeitswelt: Ein Angestellter ist seit Jahren zufriedener technischer Zeichner in einem mittelständischen Unternehmen. Im Rahmen einer weltweiten Ausschreibung soll er ein neues Projekt vor einem international besetzten Gremium vorstellen. Es ist nicht ganz unwahrscheinlich, dass er sich überfordert fühlt und in Stress gerät.
- o Denkbar ist auch ein zweites Szenario: Unser technischer Zeichner hat inzwischen studiert und es zum Ingenieur gebracht – und soll zukünftig doch nur einfache Montagepläne zeichnen. Realistisch betrachtet wird er sich dabei sehr schnell sehr langweilen, weil ihn diese Arbeit völlig unterfordert.
- o In beiden Fällen also kein Spaß an der Arbeit, stattdessen Stress oder Langeweile. Freude an einer Sache – so haben Csikszentmihalyis Untersuchungen ergeben – entsteht erst, wenn die Fähigkeiten der Herausforderung entsprechen, und zwar genau dann, wenn wir uns an der Grenze unserer individuellen Fähigkeiten befinden, wenn wir gefordert werden, ohne uns zu überfordern. Motivation läuft also auf dem schmalen Grat zwischen Überforde-

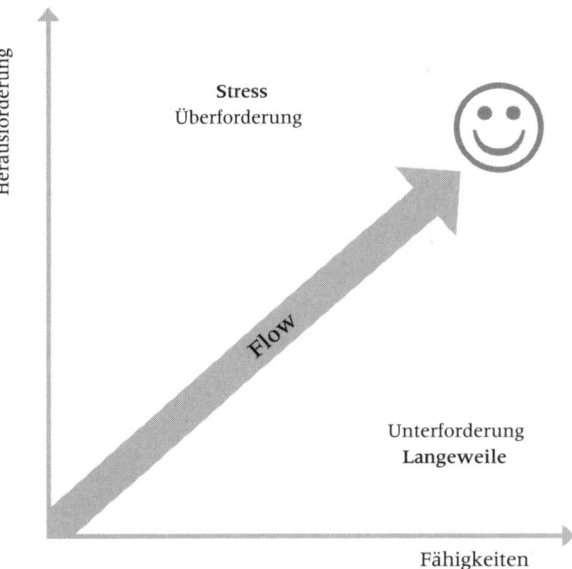

rung (die uns stresst) und Unterforderung (die uns langweilt). Dann gehen wir gleichsam in einer Tätigkeit völlig
auf, üben sie aus, weil sie Spaß macht und uns in ihren
Bann zieht, und nicht, weil wir Geld dafür bekommen
oder gelobt werden.

Arbeit im Fluss zieht aus dem Sumpf

Was zunächst einmal nur aussieht wie eine weitere, freilich
sehr effektive (Selbst-)Motivationsmethode, hat in Wahrheit
aber doch ganz erhebliche Bedeutung für unsere Sumpfprob-
leme. Wird eine Tätigkeit im Flow ausgeübt, hat das Auswirkungen auf unser Nervensystem und damit auch auf unser
Befinden – und damit letztlich auf die »Eintauchtiefe« im
Sumpf. Das gilt für den Job genauso wie für eine Tätigkeit im
privaten Umfeld.

Was passiert im Gehirn, wenn wir uns einer herausfor-
dernden Aufgabe gegenübersehen? Eine wichtige Rolle

scheint auch hier der Neurotransmitter Dopamin zu spielen. Mit der Aufgabenstellung haben wir ein erreichbares Ziel vor Augen. Es mag in der Ferne liegen und vielleicht sind auf dem Weg zum Ziel auch noch einige andere Sümpfe zu überwinden. In dem Moment aber, in dem wir uns auf dieses Ziel konzentrieren und an einer Lösung arbeiten, kommt es im Gehirn – so sieht es zumindest eine Reihe von Wissenschaftlern – zur Ausschüttung von Dopamin; das Gehirn geht sozusagen in »Hab-acht-Stellung«. Dieser Neurotransmitter wird immer dann ausgeschüttet, wenn wir auf ein Ziel zusteuern, etwas erreichen wollen. Er treibt uns an und versetzt uns – das Ziel greifbar vor Augen – in einen leicht euphorischen Zustand freudiger Erregung. Die Herausforderung, vor der wir stehen, verspricht uns also Glücksgefühle, wenn wir das Ziel erreicht haben.

Das ist die eine Seite des Dopamins. Ein weiterer Aspekt ist in unserer Situation aber ebenso wichtig: Dopamin schmiert den Geist. Unter dem Einfluss von Dopamin scheint unser Gehirn schneller zu arbeiten, wir denken rascher, sind kreativer und konzentrierter, assoziieren freier und – dies ist die eigentlich gute Botschaft – sind dabei nicht etwa angestrengt oder verbissen, sondern auch noch gut gelaunt.

Und diese gute Laune bekommt nun weitere Nahrung. Denn auf dem Weg zu unserem Ziel gelingt uns nun – erwartungsgemäß – ein erster kleiner Teilerfolg. Unser Körper belohnt uns mit der Ausschüttung von Opioiden, die man als körpereigene Wohlfühlhormone bezeichnen könnte. Die Laune steigt, es gibt noch weitere Etappen auf dem Weg zum Ziel, die erneut kleine und große Erfolge versprechen – und Dopamin sorgt dafür, dass wir in der Erwartung dieser Erfolge (und der guten Gefühle, die sie auslösen) zügig weitermachen. Wie ein Pendel schwingt unser Gemütszustand zwischen euphorischem Begehren (dafür sorgt Dopamin) ei-

nerseits und der Belohnung (in Form der Opioidausschüt-
tung) andererseits hin und her, und jeder Pendelausschlag
zieht uns auch ein kleines Stück aus dem Sumpf heraus.

Freilich funktioniert das alles nur so lange reibungslos, wie
sich immer wieder Erfolgserlebnisse einstellen. Flowtech-
nisch gesagt: wie die Fähigkeiten mit der Herausforderung in
Einklang stehen. Denn ist die Aufgabe, vor der wir stehen, zu
schwer, mag es zwar anfänglich zur Dopaminausschüttung
kommen. Aber dann bleibt der Erfolg aus. Da kann das Dopamin wenig ausrichten: Wir strengen uns mehr und mehr an,
um eine Lösung zu finden, aber unser Gehirn macht nicht
mehr mit. Die Fokussierung auf das unlösbare Problem erzeugt Stress statt Wohlgefühl, Selbstzweifel plagen uns,
schließlich geben wir entnervt auf und sinken wieder ein.

Nicht anders verläuft es im Ergebnis, wenn das Problem
zu leicht zu lösen ist. Das mag auf den ersten Blick erstau-
nen, scheint es doch zunächst einmal so zu sein, dass die
vom Dopamin versprochenen guten Gefühle dann eben
schneller erreicht werden. Dabei berücksichtigen wir allerdings nicht ausreichend, dass Unterforderung im Gehirn
ganz ähnliche Reaktionen erzeugt wie Überforderung. Ist
eine Aufgabe nämlich zu leicht, verlagert das Gehirn die
Aufmerksamkeit und sucht sich neue Reize – und verwei-
gert uns mit dem ausbleibenden Erfolg bei der eigentlichen
Aufgabenstellung den wohltuenden Pendelausschlag zwischen Herausforderung und Belohnung.

In den Fluss geraten

Wie aber ziehe ich mich selbst am Schopf aus dem Sumpf heraus, wie komme ich »in den Fluss«? Vor allem im beruflichen Umfeld sieht es auf den ersten Blick ja oft so aus, als ob
die Umrisse des Sumpfes für alle Zeiten fest gefügt wären. Jeder Trockenlegungsversuch scheint schon im Keime erstickt

zu werden – durch die Umstände, die Organisation, die Vorgaben, den Chef ... Aber bedenken Sie: Es geht nicht darum, den ganzen Sumpf trockenzulegen. Sie sollen sich nur ein Stückchen herausziehen. Und dafür reicht es oft schon, an kleinen Details etwas zu verändern. Nochmal zur Erinnerung: Die Eckdaten waren Herausforderung und Fähigkeiten. Sind die Herausforderungen zu hoch für Sie und die Fähigkeiten zu gering, wird es stressig – dann sollten Sie Wege finden, es sich *leichter* zu machen. Sind umgekehrt Ihre Fähigkeiten hoch und die Herausforderungen für Sie überschaubar, wird es langweilig – dann ist es an der Zeit, die Aufgaben *interessanter* zu gestalten. Hier nun eine Reihe erprobter Zugtechniken.

Leichter machen

Bei praktisch jeder Beschäftigung – egal, ob im Beruf oder privat – gibt es eine Fülle von Stellschrauben, an denen Sie drehen können, um die Herausforderung ein wenig mehr Ihren Fähigkeiten anzupassen. Die zentrale Frage lautet: Wie wird das Vorhaben für mich machbar? Das Erstaunliche ist: Oft sind es letztlich nur ganz geringe Veränderungen, die dazu beitragen, das Gefühl der Überforderung zu beseitigen.

o Planung überdenken: Viele neigen dazu, Pläne zu überfrachten. Möglicherweise sind Ihre Planungsziele einfach zu eng gesteckt. Oft wird bei Plänen die gesamte zur Verfügung stehende Zeit verplant. Dabei übersehen wir aber, dass schon ein unvorhergesehener Zwischenfall den gesamten Plan umstürzen kann. Daher gilt (siehe Zeitplanung, Seite 118): Optimalerweise sollten nur ca. 60 % des Arbeitstages bzw. der zur Verfügung stehenden Zeit verplant werden – der Rest wird als Pufferzeit vorgesehen.

o Konzentriert vorgehen: Konzentration erfordert ein klares Ziel und Abschirmung vor Störungen – mehr dazu in dem vorangegangenen Kapitel »Konzentrieren Sie sich!«.

o Zu wenig Pausen: Auch die sollten Bestandteil jeder Planung sein, ob es nun um die Erstellung einer Präsentation für ein neues Produkt geht oder um die Bergtour am nächsten Wochenende. Natürlich kann es sein, dass eine Tätigkeit Sie derart in den Bann zieht, dass Sie jede weitere Pause als Zumutung empfinden. Aber im Regelfall gilt: Sie tun sich keinen Gefallen, wenn Sie stundenlang durchmachen, das ist mittelfristig betrachtet eher ein Stressfaktor. Wichtig: Machen Sie Pausen und Erholungszeiten direkt zum Bestandteil Ihrer Planung – von allein ergeben sie sich im Regelfall nicht (Tipps zur richtigen Planung finden Sie in dem Kapitel »Nützen Sie die Zeit!«).

o Zu viel auf einmal: Die wichtige Präsentation bis Freitag, die Budgetplanung bis Montag, das Problem aus der Produktion, die deswegen seit Tagen immer wieder hängt, und ein unzufriedener Kunde, der das Telefon blockiert. Ach ja: Ihr Kind liegt mit Bronchitis im Bett. Jede einzelne Aufgabe an sich ohne Weiteres zu managen – in der Summe aber kaum machbar. Auch solche Situationen sorgen dafür, dass Sie den Pfad des Wohlgefühls verlassen und ohne Umwege eben mal ein Stückchen tiefer einsinken. Wenn Sie in solchen Fällen nichts aufschieben können, dann hilft nur, es abzugeben – organisieren Sie sich Hilfe, so lange, bis die Belastung wieder auf ein machbares Maß gesunken ist. Idealerweise entwickeln Sie bereits vorsorglich derartige Hilfskonstruktionen: In vielen Unternehmen bestehen umfangreiche Vertretungspläne – solche »Pläne« lassen sich auch für den privaten Bereich machen, was besonders dann sinnvoll ist, wenn Sie Kinder haben.

o Dem Anspruchssumpf entkommen: Auch wenn das unserem anerzogenen und tief eingeimpften Leistungsdenken widersprechen mag: Eine Zeit lang bewusst die Ansprüche an sich selbst zurückzunehmen, kann auch aus dem Sumpf herausführen. Das mag – zumindest im beruflichen Bereich – für manchen zunächst einmal ein Imageproblem mit sich bringen: Es scheint nicht so recht unseren Vorstellungen zu entsprechen, vom Karrieredenken (zumindest temporär) abzulassen, den Schwerpunkt zu verlagern und Zeit, die für den vordergründig doch so erstrebenswerten Aufstieg wichtig wäre, anderweitig zu verplanen. Und doch entspricht diese Form der Karriereplanung in kleinen Schritten vielleicht viel mehr den Anforderungen der Zukunft als das Modell Senkrechtstarter. Wer schnell aufsteigt, verdient schnell mehr Geld, erlangt schnell Prestige und Ansehen – entfernt sich aber möglicherweise auch sehr schnell von den Aufgaben, die ihm eigentlich Spaß machen.

»Leichter machen« kann also konkret bedeuten, Plateauphasen in der eigenen Karriereplanung einzuplanen. Es muss ja auch nicht gleich der dauerhafte Verzicht sein. Eine etwas weniger karriereschädliche Form der temporären Arbeitserleichterung sind zum Beispiel Auszeiten auf Zeit. Viele Unternehmen haben Arbeitszeitmodelle, in denen arbeitsfreie Phasen von zumeist drei oder sechs Monaten einigermaßen mühelos eingepasst werden können. Häufig wird eine solche Phase zur Weiterbildung oder für einen Auslandsaufenthalt genutzt – das ist aus Unternehmenssicht sinnvoll, lässt allerdings den Erholungscharakter dieser Zeit schon wieder etwas in den Hintergrund treten. Auch wenn diese Phase nicht unbedingt zu einer Dauerfreizeit werden muss: Wenn das Ziel ist, etwas aus der Tretmühle des Jobs herauszukommen, psychischer und physischer Erschöpfung entgegenzuwirken, dann ist es zweifelsfrei sinnvoller, diese Zeit von berufsbezogenen Projekten weitgehend freizuhalten.

o Zu schwierig: Ja, auch das ist möglich: Die Aufgabe, die Ihnen gestellt wurde – oder die Sie sich selbst gesetzt haben – ist zu schwierig. Das gestehen wir uns nicht so gerne ein, es soll aber vorkommen. Handelt es sich dabei um etwas aus Ihrem Privatbereich, ein Hobby zum Beispiel, dann wird die Lösung recht einfach sein: Da Sie die Messlatte selbst – zu hoch – gesteckt haben, können Sie sie auch ohne Weiteres selbst etwas niedriger hängen. Problematischer ist das natürlich, wenn die Anforderungen von außen an Sie herangetragen werden, was vor allem im Berufsleben eine Rolle spielt. Dann gilt: Es ist keine Schande, sondern eher ein Zeichen von Professionalität, Hilfe in Anspruch zu nehmen. Auch hochqualifizierte Spezialisten stehen immer wieder vor Aufgaben, bei denen der zielgerichtete Rat eines Kollegen mehr bringt als tagelanges Wälzen von Fachliteratur. Und selbst wenn Ihre Kollegin oder Ihr Kollege in die Sache selbst nicht eingearbeitet ist: Gerade aus der Außensicht kann manchmal der entscheidende Hinweis kommen.

Interessanter machen

Und im umgekehrten Fall? Wenn Sie die Routine des Berufslebens nur noch langweilt, weil Sie die 23 Varianten der Lohnabrechnung schon auswendig können und neue Aufgaben nicht in Sicht sind? Wenn auch am Feierabend immer nur der Fernseher winkt und die *Tagesthemen* der ultimative Höhepunkt des Abends sind? Dann gilt: Ebenso, wie sich die meisten Aufgaben vereinfachen lassen, können Sie vieles auch interessanter gestalten.

o Optimieren Sie Ihre Arbeit und suchen Sie sich Aufgaben: Wenn Sie Ihre berufliche Tätigkeit langweilt, dann haben Sie wahrscheinlich schon alles getan, um die Abläufe zu optimieren und möglichst zeitsparend zu arbeiten. Manchmal allerdings können solche Vorhaben auch von der täglichen Routine verschluckt werden. Sehen Sie sich Ihre Arbeitsabläufe daher ruhig noch einmal kritisch an – vielleicht lässt sich hier noch eine ganze Menge effizienter gestalten. Wenn Sie wissen und sicher sind, wie viel Zeit Ihnen zusätzlich zur Verfügung steht, dann könnten Sie sich neue Betätigungsfelder innerhalb des Unternehmens suchen. Meist bündeln sich zahlreiche Aufgaben innerhalb einer Abteilung bei einem oder zwei Mitarbeitern, die immer laut »Hier!« rufen, wenn etwas zu machen ist, während andere eher nicht an Überarbeitung leiden. Manchem ist das ganz recht, der sucht dann vielleicht sein Heil in der Freizeit. Wenn Sie aber vorhaben, Ihre Arbeit interessanter zu gestalten, könnten gezielte Vorschläge zur Neuorganisation dabei helfen. Vielleicht übernehmen Sie erst einmal testweise für zwei Monate einen neuen Aufgabenbereich, um zu sehen, ob Sie der neuen zusätzlichen Aufgabe auch tatsächlich gewachsen sind.

○ Bilden Sie sich weiter: Wenn Ihr derzeitiger Arbeitsplatz selbst mit neuen Aufgaben keine Herausforderung mehr für Sie darstellt, wäre es vielleicht an der Zeit, an Ihrer Qualifikation zu arbeiten. Zeit für berufsbegleitende Lehrgänge haben Sie ja mit großer Wahrscheinlichkeit, denn Überstunden dürften eigentlich keine mehr anfallen. Eine Möglichkeit ist, im Vorfeld mit Ihrem Arbeitgeber über Ihre Pläne zu sprechen – häufig hat auch er ein Interesse daran, dass seine Mitarbeiter sich weiterqualifizieren, gegebenenfalls übernimmt er auch einen Teil oder sogar die gesamten Ausbildungskosten. Wenn Sie dagegen wissen, dass Sie nach der Ausbildung den Job wechseln wollen oder müssen, dann können Sie sich bereits frühzeitig und aus einer sicheren und ungekündigten Stellung heraus nach einem neuen Arbeitsplatz umsehen.

○ Ändern Sie die Perspektive: Das sieht vielleicht auf den ersten Blick ein wenig zu einfach aus, kann aber dennoch eine brauchbare Methode sein. Stellen Sie sich einmal vor: Kassierer(in) im Discounter – eine eintönigere Tätigkeit kann es eigentlich kaum geben. Ständig gleiche Abläufe, genervte, gehetzte und patzige Kunden, quengelnde Kinder, Berge von Waren, die innerhalb kurzer Zeit bewegt werden sollen (einige Hundert Kilo am Tag), die Filialleitung im Nacken und jeder Kassenfehlbestand wird mit Abzug vom Lohn bestraft. Und doch weiß man seit dem Bestseller »Die Leiden einer jungen Kassiererin« der Französin Anna Sam: Die Kasse im Supermarkt kann der passende und interessante Ort für Feldforschung am Mitmenschen sein. Es gibt Strategien, auch diesen eintönigen Job interessanter zu machen. Maßgeblich ist die Einstellung, mit der man Tag für Tag an der Kasse arbeitet. So berichtet zum Beispiel eine Kassiererin aus Berlin, sie habe sich zur Aufgabe gemacht, jeden Kunden, der mehr als einmal kam, mit Namen anzusprechen – da die meisten mit EC-Karte bezahlen, konnte sie sich die Namen leicht einprägen. Eine kleine Verschiebung in der Aufgabenstellung – eine Sache der Perspektive eben.

○ Machen Sie etwas aus Ihrer Freizeit: Entgegen landläufiger Meinung stellt der Fernseher bei Weitem nicht das einzige Freizeitbeschäftigungsmittel dar. Sollten Sie also das Gefühl haben, dass Ihnen Ihre Feierabende und Wochenenden nicht genügend bieten: Hier können Sie ohne viel Aufwand manches interessanter gestalten. Gerade der kulturelle Bereich bietet die Möglichkeit, aus dem gewohnten Lebenskontext herauszutreten und den eige-

147

nen Horizont zu erweitern. Natürlich wird man da zuerst an die zahlreichen Angebote wie Konzerte, Theater, Oper, Vorträge usw. denken. Und natürlich muss man sich dazu aufraffen, die Karten besorgen, das Haus verlassen. Aber der Gewinn liegt nicht nur im unmittelbaren Kunstgenuss, sondern auch in der Chance, andere interessierte und interessante Menschen zu treffen.

Ebenso könnten Sie die Langeweile aber auch durch Ihr eigenes Engagement verdrängen – auch hier nur ein paar Hinweise: Warum nicht selbst ein Instrument, eine Fremdsprache lernen? Warum nicht in einem Verein aktiv werden, einer sozialen Einrichtung usw. Die Möglichkeiten, den privaten Lebensbereich interessanter zu gestalten, sind mannigfaltig.

Angewandtes Sumpfmanagement

Statt der sonst an dieser Stelle zu erwartenden Tabelle für wichtige Anregungen und Tipps: Nehmen Sie sich jetzt, wenn Sie möchten, ein paar Minuten Zeit und überlegen Sie, welche Tätigkeiten in Ihrem Beruf und in Ihrem Privatleben Sie überfordern und welche Sie unterfordern. Überlegen Sie sich dann, wie Sie die Aufgaben leichter bzw. interessanter gestalten könnten.

Tätigkeiten, die mich überfordern (= Stress)	So könnte ich es leichter machen:

Tätigkeiten, die mich unterfordern (= Langeweile)	So könnte ich es interessanter machen:

Bewegen Sie sich

Bewegung und Fitness sind wichtige Bausteine für ein gesundes und leistungsfähiges Herz-Kreislauf-System. Bewegung verzehnfacht die Sauerstoffversorgung des Körpers, sie versorgt das Gehirn mit Energie und steigert so die Gedächtnisleistung, der Energiegrundumsatz wird um 25 Prozent gesteigert und reguliert den Appetit, schädliche Blutfette werden verbrannt und Stresshormone abgebaut. Die Leistungsfähigkeit wird durch Vermehrung der winzigen körpereigenen Kraftwerke, der Mitochondrien, gesteigert, ebenso wird das Kreativitätshormon ACTH vermehrt ausgeschüttet, unsere Herzleistung und Gefäßdurchblutung werden verbessert, die Muskulatur und Gelenke gestärkt, die Verdauung aktiviert und unser Immunsystem gefestigt. Nicht zuletzt fördert Bewegung auch einen erholsamen Schlaf. Allein diese Gründe sollten genügen, sich mehr zu bewegen.

So weit, so gut, die gerade genannten Erkenntnisse sind schließlich mehr oder weniger Allgemeingut. Dass sich dennoch heute so viele Menschen im absoluten Bewegungsnotstand befinden, ist unserer Arbeitswelt und oft noch viel mehr unserer Bequemlichkeit geschuldet – trotz aller Fitnesswellen und meist wider besseres Wissen. Viele Menschen bewegen sich vom Bett kommend zum Frühstückstisch, steigen dann in ihr Auto, betreten den Fahrstuhl und setzen sich anschließend in ihren Bürosessel – und verbringen dort die meiste Zeit des Tages. Kleinere Unterbrechungen wie der Kantinenbesuch zählen angesichts der Entfernungen, die zu überbrücken sind, eigentlich nicht, und für den Abend ist die Couch vor dem Fernseher ein lieb gewordener Rückzugsort. Nur ein Drittel der Erwachsenen betätigt sich mindestens einmal pro Woche sportlich.

Aber Bewegung hat eben nicht nur für unsere Gesundheit Bedeutung. Sie ist auch für unser Sumpfproblem relevant. Bewegung ist ein menschliches Urbedürfnis (wie man an kleinen Kindern ganz gut erkennen kann). Unser Körper ist darauf angelegt sich zu bewegen, als »statische Wesen« sind wir eigentlich eine ziemliche Fehlkonstruktion. Zahlreiche körperliche wie auch seelische Krankheiten könnten durch Bewegung verhindert, in ihrem Verlauf gebessert oder sogar geheilt werden. Bewegte Menschen leben gesünder und glücklicher – und sind deswegen auch weniger anfällig für die vielen kleinen Alltagssümpfe, in die wir immer wieder hineingeraten können. Bewegung ist also eine probate Schopfstrategie – und die Gründe dafür lassen sich recht genau festmachen.

»Mens sana in corpore sano« ist ein altbekanntes und viel zitiertes Sprichwort, an dem wie meist bei alten Weisheiten etwas dran ist. »Ein gesunder Geist lebt in einem gesunden Körper« – je fitter und gesünder wir sind, umso besser geht es uns auch im Innen. Umgekehrt: Wenn wir körperlich in schlechter Verfassung oder krank sind, dann leidet auch unser Innenleben. Nochmal anders gewendet: Je besser wir uns körperlich fühlen, desto weniger anfällig sind wir für Sümpfe und desto leichter fällt es uns, den eigenen Schopf zu packen und kräftig zu ziehen, wenn wir denn doch mal tief drinstecken in der Brühe.

Verantwortlich für die Wohlgefühle, die durch Bewegung ausgelöst werden, sind biochemische Prozesse. Prinzipiell tragen drei Hormone zu diesen positiven Gefühlen bei: Dopamin, Serotonin und Endorphine.

○ *Dopamin.* Aufgrund der Wechselwirkung zwischen dem Muskelstoffwechsel und unserem Zwischenhirn (dem sogenannten limbischen System), unserer Gefühlszentrale, kommt es dort zur Produktion des Botenstoffes Dopamin. Dieser ist eine Art »Brennstoff des Geistes«, der

Spannung und Vorfreude auslöst und euphorisch stimmen kann. Wer sich viel bewegt, stimuliert die Produktion dieses Hormons.

○ *Serotonin.* Ein Neurotransmitter, der als »Glücksbotenstoff«, als »Gute-Laune-Hormon« gilt und unumstritten eines der wirksamsten Antidepressiva ist. Viele Psychopharmaka, die zur Behandlung von Depressionen eingesetzt werden, bewirken eine Anhebung des Serotoninspiegels und fördern damit gute Gefühle.

○ *Endorphine.* Schließlich setzt Bewegung Endorphine frei, die körpereigenen Opiate oder Glückshormone. Sie bewirken im ganzen Körper einen euphorischen, kribbelnden Rauschzustand. Das wirkt allerdings erst, wenn man sich längere Zeit (mindestens 30 bis 45 Minuten) im sogenannten aeroben Bereich bewegt hat, also in der »Sauerstoffzone« bei niedriger Pulsfrequenz.

Genauso, wie Bewegung sich positiv auf die Gemütslage auswirkt, zeigt mangelnde Bewegung negative Folgen. Es gibt einen verhängnisvollen Zusammenhang zwischen wenig Bewegung und Depressionsanfälligkeit. Aufgrund mangelnder Muskelaktivität unterbleibt die Stimulierung der Zwischenhirnareale, die für die Produktion insbesondere von Dopamin und Serotonin zuständig sind. Die Folge sind Lustlosigkeit, Mattheit, weiterer Bewegungsmangel – letztlich also ein Teufelskreis, aus dem es aber glücklicherweise einen Ausweg gibt: Bewegung. Der Sumpf lässt sich also durch Aktivität überwinden.

Und es gibt noch einen weiteren Aspekt, der Bewegung als Schopfstrategie so wertvoll macht. Durch Bewegung nehmen wir unseren Körper stärker wahr und kommen so in einen intensiveren Kontakt zu uns selber und unserem Inneren. Umso mehr, je langsamer die Bewegungen sind, je

ruhiger unsere Umgebung ist und je weniger unsere Aufmerksamkeit abgelenkt wird. Unter diesem Aspekt kann es
günstiger sein, beim Laufen, Radfahren, Skaten oder Schwimmen mit sich allein zu sein, als in der Gruppe Sport zu trei-
ben, um den eigenen Körper bewusster spüren zu können.
Bewegung kann so gesehen auch eine der Methoden sein,
die einen aus dem Identifikationssumpf heraushelfen kann
(siehe die Seiten 47 ff.). Denn mit der Konzentration auf unseren Körper, auf die gleichmäßigen, langsamen Bewegun-
gen, finden wir auch ein Stückchen aus dem Grübel- und
Nachdenkmechanismus heraus, der uns häufig in unseren
Problemen gefangen hält.

Nicht auf der Stelle treten

Was bleibt, ist das altbekannte, aber eben doch immer etwas
lästige Umsetzungsthema. Der Sumpf ist bequem – und Bewegung, gleich welcher Art, strengt erst mal an. Das mag
zumindest eine naheliegende Assoziation sein. Damit es
trotzdem gelingen kann, hier erst einmal ein paar allgemeine Tipps.

Suchen Sie sich einen Sport, der Ihnen Spaß macht.
Sonst kostet es Sie zu viel Mühe und Selbstüberwindung.
Sie müssen dann permanent gegen die Sumpfwächter, Ihren
inneren Schweinehund, ankämpfen und produzieren dabei
mehr Stress- als Glückshormone!

Achten Sie auch darauf, dass die Art der Bewegung zu
Ihrer körperlichen Verfassung und Konstitution passt. Menschen mit Rückenschmerzen sollten beispielsweise nicht viel
Rad fahren, um ihre Wirbelsäule nicht noch zusätzlich zu
strapazieren, und stark Übergewichtige am Anfang nicht
laufen, um Gelenke und Bänder zu schonen.

Wählen Sie eine Sportart mit möglichst gleichmäßigen
und rhythmischen Bewegungen. Ob Sie sich fürs Joggen,

Walken, Radfahren, Inline-Skaten, Schwimmen, Skilang-laufen, Rudern oder das Training auf einem Laufband, Step-per oder Hometrainer entscheiden: Gleichmäßige Bewegun-gen haben den Vorteil, uns in ihrer Einförmigkeit auch innerlich zu stabilisieren. Das alles mag subtil und kaum merkbar ablaufen, aber es wirkt. Mit dem Rhythmus wird der Atem regelmäßig, und mit der Zeit gelangen wir in einen ruhigeren Grundzustand.

Strengen Sie sich nicht an! Ihr Ziel ist ja nicht die Teil-nahme an olympischen Auswahlentscheidungen. Wie so häufig gilt auch hier: Weniger ist mehr. Vor allem Anfänger neigen zu Übertreibung. Um dem entgegenzuwirken, emp-fiehlt sich die Verwendung eines Pulsfrequenzmessers. Der verschafft Ihnen Kontrolle über das für Sie optimale mode-rate Tempo.

Wenn möglich, sollten Sie bei Ihren Bewegungseinheiten die gewohnte Umgebung verlassen. Am besten ist es natür-lich, in die freie Natur zu gehen, wenigstens aber doch in den Stadtpark. Wer seine Arbeitstage im kunstlichtgeflute-ten Büro verbringt und sich dann am Abend zur Absolvie-rung seines Trainingsprogramms im auch nicht immer an-heimelnden Fitnessstudio wiederfindet, dem fehlt mit der Zeit vielleicht einfach der Bezug zu Luft, Licht und Wasser. Mal wieder den weichen Wiesenboden unter den Füßen zu spüren, frischen Wind um die Nase zu haben oder die Gerü-che von Bäumen und Pflanzen zu erfahren – das führt, wie Untersuchungen ergeben haben, zu wesentlich besserer Stimmung als eine weitere, wenn auch bewegte Form der »Innenraumbetrachtung«.

Zuletzt: Bewegungseinheiten mit anderen zu absolvie-ren, mag kommunikativ und unterhaltsam sein. Für den Weg aus dem Sumpf ist aber eine Zeitinsel des Alleinseins ausgesprochen förderlich. Ansonsten bewegt sich zwar der

Körper, aber man nimmt weder seine Umgebung noch sich selber wahr. Probieren Sie es einfach einmal aus. Mit der Zeit werden Sie diese Inseln des »Eintauchens« in den Rhythmus, in die Natur und in sich selbst immer mehr genießen.

Und womit anfangen?

Nein, das wird hier jetzt kein Lehrgang »Fitter in drei Wochen«. Zu solchen Themen gibt es eine Vielzahl hübsch illustrierter Bücher und Zeitschriften, und es ist nicht Ziel dieses Buches, hier vertieft einzusteigen. Damit aber andererseits die vielen positiven Aspekte von Bewegung und Sport nicht so blutleer bleiben, möchte ich Ihnen im Folgenden zwei Kurzanleitungen an die Hand geben. An erster Stelle zum unangefochtenen Spitzenreiter unter den Bewegungsmöglichkeiten: dem Laufen. An zweiter Stelle zum Thema Fitnesssteigerung. Alles nur für die ersten paar Wochen, aber Sie können damit gleich morgen anfangen und nachprüfen, wie stark Sie damit an Ihrem Schopf ziehen können.

Laufend aus dem Sumpf

Vor allem für Menschen mit geringem Zeitkontingent bietet Laufen den Vorteil, dass man mit wenig Aufwand viel erreichen kann. Sie benötigen (außer guten Laufschuhen) keine teure Ausrüstung, Sie können von überall aus starten (und sparen sich An- und Abfahrtszeiten), Sie brauchen auch nicht lange laufen, 30 bis 40 Minuten sind schon ausreichend. Die folgenden sechs Tipps unterstützen Sie bei Ihren ersten Gehversuchen.

155

1. Wie oft?
   Regelmäßig, ideal wäre täglich, aber 3- bis 4-mal pro Woche ist auch schon sehr gut.

2. Wie lange?

In der »Endausbaustufe« sind 30 Minuten und mehr natürlich ideal, dann wird der Erfolg messbar. Auch eine Stunde schadet nicht. Am Anfang freilich wird das für die meisten eine deutliche Überforderung sein. Da machen weder das Herz noch die Knochen mit. Daher empfiehlt es sich, ganz bewusst klein anzufangen und sich dann langsam zu steigern. Laufen Sie in der ersten Woche nur zehn Minuten täglich. Das mag Ihnen lächerlich vorkommen und beinahe den Aufwand des Schuhanziehens nicht rechtfertigen. Machen Sie es trotzdem – und steigern Sie das Pensum in der zweiten Woche auf 15 Minuten. Machen Sie von Woche zu Woche so weiter, immer fünf Minuten mehr. Am Ende dieser Steigerungsphase laufen Sie anstrengungslos 50 Minuten und mehr. Aber Sie haben sich in der Anfangsphase eben nicht überfordert und daher auch nicht aufgegeben.

3. Wann?

Letztlich dann, wenn es Ihnen passt. Wollen Sie mit dem Laufen auch noch den »Kollateralvorteil« Gewichtsabnahme verknüpfen, dann laufen Sie optimalerweise morgens vor dem Frühstück, denn die Fett verbrennenden Enzyme bilden sich am leichtesten, wenn der Magen noch leer ist. Außerdem beginnen Sie den Tag schon mit einer belebenden Sauerstoffdusche. Andererseits vernichten Sie, wenn Sie abends laufen, die im Laufe des Tages angesammelten Stresshormone (siehe Seite 109) und verhindern auf diese Weise, den nächsten Tag zu tief im Sumpf steckend zu beginnen.

4. Wie schnell?

Vor allem langsam in der richtigen Pulsfrequenz. Zu schnelles Laufen ist ineffektiv, Sie verbrennen dabei keine Fettreserven, sondern nur wertvolle Zucker, sodass

Sie trotz großer Anstrengung kein Gewicht verlieren (wenn Sie das wollen). Daher am besten immer mit Pulsfrequenzmesser laufen.

5. Wo?

Am besten auf Waldboden, Wiese oder Moos. Mit den richtigen Laufschuhen passiert aber auch auf Asphalt nichts.

6. Mit welchen Schuhen?

Mit guten Laufschuhen; vorzugsweise besitzen Sie zwei Paar, die Sie ständig wechseln. Denn kein Schuh ist hundertprozentig richtig, und wenn Sie immer mit demselben Schuh laufen, manifestiert sich der Restfehler an Ihren Gelenken.

Fitter aus dem Sumpf

Natürlich gibt es viele Wege zu größerer Fitness – Laufen ist nur einer unter anderen. Sollten Sie kein ganz so überzeugter Anhänger des Laufens sein, dann könnte das folgende Mini-Fitnessprogramm den Startschuss zum neu bewegten Leben bilden. Es setzt sich aus zwei Einheiten zusammen:

o Täglich zehn Minuten Grundfitness – am besten gleich am Morgen.

o Dreimal pro Woche ein leichtes Krafttraining, jeweils ca. zehn Minuten.

Und wenn Ihnen das Laufen doch nicht so fremd ist, dann können Sie es auch als Bestandteil dieses Fitnessprogramms betrachten und zwei Mal in der Woche zusätzlich etwas für Ihre Ausdauer tun.

Unabhängig davon, ob Sie Wiedereinsteiger sind oder noch nie Sport getrieben haben: Bevor Sie loslegen, kann es sinnvoll sein, einen Arzt zu konsultieren. Das gibt Ihnen die Gewissheit, dass Sie sich mit Ihrem neuen Programm nicht mehr schaden als nutzen. Er kann Ihnen auch sagen, ob bestimmte Sport- und Bewegungsarten für Sie ungeeignet sind.

Programm zur Grundfitness

Übung 1: Aufwärmen

Hände locker in die Taille legen, ein Bein zur Seite strecken, mit der Fußspitze kurz auf den Boden tippen. Fuß zurückbewegen, mit dem anderen Fuß wiederholen – im Wechsel etwa drei Minuten lang.

Übung 2: Ausfallschritt

Aufrecht stehen, Arme hängen locker an den Seiten herab. Führen Sie das linke Bein in einem großen Ausfallschritt nach hinten, die Arme gleichzeitig über Kreuz zur Brust. Kurz halten, dann Bein zurück und Arme öffnen und dieselbe Bewegung mit dem anderen Bein durchführen. Zwölfmal wiederholen.

Übung 3: Strecken

In Seitenlage auf den Boden legen (geeignete Unterlage verwenden), rechte Körperseite am Boden. Den rechten Arm unter dem Kopf anwinkeln, sodass Sie den Kopf darauflegen können. Das rechte Bein vor dem Körper zur Stabilisierung leicht anwinkeln. Nun den linken Arm nach hinten führen und mit ihm das linke angewinkelte Bein fassen – Bein leicht nach oben und hinten ziehen, die Dehnung ca. 20 Sekunden halten, dann auf die andere Seite drehen und wiederholen. Insgesamt zwölfmal.

Übung 4: Crunch

Ausgestreckt in Rückenlage auf geeignete Unterlage legen, Arme seitlich neben dem Körper. Die Beine leicht anziehen zur Stabilisierung. Nun die Arme leicht anheben, neben dem Körper gestreckt halten, die Bauchmuskeln anspannen und langsam den Oberkörper nach oben schieben – Blickrichtung zu den Knien, die Schultern vom Boden weg. Kurz innehalten, dann zurück und insgesamt zwölfmal wiederholen.

Übung 5: Rückenstärkung

Aufrecht stehen, Füße schulterbreit auseinander. Nun die Arme nach vorne heben und gleichzeitig eine Bewegung ausführen, als ob Sie sich hinsetzen wollten – kurz vorm »Hinsetzen« halten und wieder aufrichten. Dabei die Knie nie ganz durchdrücken. Insgesamt zwölfmal wiederholen.

Übung 6: Entspannen

In Rückenlage (geeignete Unterlage!), Beine lang ausgestreckt, Arme weit über den Kopf strecken. Tief einatmen, beim Ausatmen alle Spannung aus dem Körper lösen. Diese Entspannung und Streckung des Körpers 15 Sekunden halten. Wieder einatmen, insgesamt fünfmal wiederholen.

Programm zum leichten Krafttraining
Übung 1: Beinheben

In Bauchlage auf eine geeignete Unterlage legen, Arme so positionieren, dass die Stirn auf den Händen liegt. Nun ein Bein gestreckt anheben, in dieser Position zehn Sekunden halten. Langsam senken, das andere Bein heben. Insgesamt 15-mal im Wechsel wiederholen.

Übung 2: Balanceakt

Rückenlage, Beine lang ausgestreckt, Arme neben dem Körper. Nun heben Sie den Oberkörper leicht an, indem Sie die Bauchmuskeln anspannen. Jetzt den rechten Arm leicht anheben, gleichzeitig den linken Arm in einem weiten Halbkreis nach hinten führen. Dabei das rechte Bein ausgestreckt lassen, das linke anwinkeln. Diese Position zehn Sekunden halten, dann den linken Arm wieder im Halbkreis zurückführen, linkes Bein ausstrecken. Nun alles mit rechtem Arm und Bein wiederholen. Insgesamt viermal auf jeder Seite.

Übung 3: Einrollen

Aus der Rückenlage durch Anspannung der Bauchmuskeln den Oberkörper anheben. Die Arme lang nach oben strecken, beide Beine anheben und zur Brust ziehen (also »einrollen«). Zehn Sekunden halten, dann den Oberkörper langsam absenken und Beine »ausrollen«. 15-mal wiederholen.

Übung 4: Seitstütz

In Seitlage auf den Boden legen. Mit dem rechten Arm (den Unterarm auf dem Boden lassen) so hochdrücken, dass außer dem Unterarm nur noch der rechte Fuß Kontakt mit dem Boden hat. Nun das linke Bein anheben. Den linken Arm parallel zum Bein halten, die Hand auf der Hüfte. 15 Sekunden halten, vorsichtig absenken. Pause. Insgesamt viermal wiederholen, dann Seitenwechsel.

Legen Sie das Buch kurz zur Seite und beginnen Sie gleich mit der Umsetzung: Probieren Sie einfach mal eine der beschriebenen Übungen aus oder machen Sie einen Kurzspaziergang um den Block – angewandtes Sumpfmanagement sozusagen.

Engagieren Sie sich

Das wesentliche Kennzeichen der Münchhausen-Strategie ist ja, dass Sie sich selbst aus dem Sumpf ziehen. Die Methoden, die Ihnen hier wie auf einem Büfett präsentiert werden, setzen bei Ihnen selbst an. Das folgt der Erkenntnis, dass es häufig sehr schwer ist, an den Umständen und Gegebenheiten etwas zu verändern. Leichter kann es fallen, selbst ein klein wenig am Rad zu drehen, das eigene Verhalten anzupassen oder eben auch nur die Einstellung zu ändern.

Das heißt nun alles aber nicht, dass Sie andere nicht teilhaben lassen können an Ihren Bemühungen. Ihre Mitmenschen können sogar ausgesprochene Nutznießer sein. Etwas für andere Menschen zu tun, sich einzubringen in einer kleinen oder größeren Gemeinschaft scheint nicht nur über die Grenzen unseres Kulturkreises hinweg fester Bestandteil eines erfüllenden Lebens zu sein. Engagement für andere ist auch eine äußerst effektive Methode, um aus so manchem Sumpf herauszukommen. Warum?

Zunächst einmal hilft einem das Engagement für andere dabei, den Horizont ein wenig zu weiten und den Fokus auf andere zu richten. Dieser Blick über die eigene Lebenssituation hinaus kann sehr heilsam sein. Denn wer sich ständig nur um sich selber dreht, sich ausschließlich mit seinen eigenen Wünschen, Bedürfnissen, Ansprüchen, aber auch Problemen und Beschwernissen beschäftigt, isoliert sich immer mehr von seiner Umwelt und wird mehr und mehr in sich selber gefangen. In einer solchen Situation fällt es dann sehr leicht, sich über sein Schicksal zu beklagen, sich selbst als Opfer zu sehen, die eigene Unzufriedenheit zu kultivieren und überhaupt: Macht doch alles keinen Sinn! Da kann der Blick auf andere – nicht so sehr der vergleichende, vielmehr der aufmerksam beobachtende – und der Einsatz für andere viel bewirken. Denn wer wahrnimmt, dass andere Menschen vielleicht unter viel schwierigeren Umständen leben, dass es auch noch andere Sorgen und Probleme gibt als die im eigenen Wirkungskreis, dem fällt es unter Umständen leichter, sich aus dem Gefangensein in der eigenen Lebenssituation zu lösen und sich auch mal wieder bewusst zu machen, wie gut es einem – trotz aller Probleme – eigentlich geht. Menschen, die sich helfend für andere engagieren, fördern in sich die Fähigkeit zu Mitgefühl, Verständnis und eigener Zufriedenheit. Und das sind alles ziemlich starke Zugkräfte am Schopf.

Zweitens macht Engagement für andere auch Sinn – ganz wörtlich genommen: Es kann dem Leben einen tieferen Sinn geben. Sinn ist ein – nicht selten unterschätzter – Hauptfaktor für Erfüllung und Zufriedenheit im Leben. So sind zum Beispiel knapp 90% der Arbeitnehmer der Ansicht, dass die Berufsausübung letztlich doch nur dem Broterwerb dient – ohne dass es dabei auf Inhalt oder Sinn ankäme. Fast ein wenig paradox mutet es dann freilich an, wenn nach einer Umfrage des Meinungsforschungsinstitutes GRP aus dem Jahr 2002 neun von zehn Arbeitnehmern es für wichtig erachten, den Job als sinnvoll zu erleben. Und immer wieder kann man sehen, dass der Sinn einer Tätigkeit eine ungeheure Motivationskraft verleiht, dass er andere altbekannte Motivatoren wie eine hohe Entlohnung ersetzen kann und die Art der Tätigkeit beinahe völlig in den Hintergrund treten lässt.

Untersuchungen unter den »Putzbrigaden« in Krankenhäusern haben ergeben, dass diejenigen Glück und Erfüllung bei ihrer häufig belastenden und manchmal sicher unangenehmen Arbeit fanden, die der Ansicht waren, dass sie eine sinnvolle, für die Patienten wichtige Arbeit leisteten – trotz geringer Entlohnung und familienunfreundlicher Arbeitszeiten. Der Ausschuss in einer Papierfabrik sank erheblich, als die Arbeiter eines Tages die Kunstbände in Händen hielten, die aus »ihrem« Papier gefertigt wurden. Jetzt konnten sie sehen, wie wichtig absolute Reinheit und Fehlerlosigkeit bei ihrer Papierproduktion waren.

Der Mensch hat anscheinend ein natürliches und tief verankertes Bedürfnis nach Sinn. Und er ist froh, wenn er etwas oder jemanden findet, an dem sich dieses Sinnbedürfnis festmachen lässt. Engagement für andere kann dem Leben ein Stückchen Sinn (zurück)geben. Für manch ehrenamtlich Tätigen ist Helfen ein wesentlicher, tragender Grund des Lebens geworden – was auch erklärt, warum viele, wenn sie einmal damit angefangen haben, immer wieder neue Projekte suchen, oft in mehreren Vereinen aktiv sind und häufig sogar ihre eigenen Bedürfnisse hintanstellen.

Und noch etwas macht das Engagement für andere zu einer effektiven Schopfstrategie. Wenn wir etwas für andere tun, dann tut uns das selber gut, und zwar unmittelbar im Augenblick der Tat. Wir werden gewissermaßen nicht für unsere guten Taten belohnt, zu einem späteren Zeitpunkt und von einer höheren Instanz, sondern sofort durch unsere Taten. Das macht das Engagement für andere auch als Schopfstrategie so wertvoll, denn wir können uns damit sofort und selbst aus dem Morast ziehen. Nach dem Motto: Was auch immer Sie für andere tun – Sie tun es auch für sich. Es handelt sich dabei gewissermaßen um einen gesunden »altruistischen Egoismus«, der nebenbei auch unabhängiger macht von der Anerkennung durch andere (die – das nur nebenbei – beim Ehrenamt manchmal lange auf sich warten lässt).

Stellt sich noch die Frage, wie es gehen kann, das Engagement für andere. Das ist gar nicht so schwer, es gibt unzählige Ansatzpunkte. Sie müssen nicht gleich für ein Jahr in eine Krisenregion dieser Welt gehen, auch wenn sich für den einen oder anderen der Einsatz für Hilfsbedürftige natürlich zur Lebensaufgabe entwickeln mag.

○ Ganz viele Möglichkeiten finden Sie im kleinen, überschaubaren Umfeld Ihres täglichen Lebens. Oft unterschätzt man, wie viel hier ohne großen finanziellen und zeitlichen Einsatz erreicht werden kann. »Ehrenamt« oder »Engagement für andere« klingt ja immer auch ein bisschen groß und erhaben, dabei sind es oft die einfachen Dinge, die einen am weitesten aus dem Sumpf heraustragen.

– Sie können zum Beispiel jemandem eine kleine unerwartete Freude bereiten, einem Familienmitglied, der Kollegin oder dem Kollegen im Büro, der alten Nachbarin. Es braucht oft nur ein freundliches Wort, ein Lächeln, kurz mal klingeln und fragen, wie es geht. Probieren Sie das ruhig mal aus, Sie werden möglicherweise erleben, dass Sie sich danach ein gutes Stück besser fühlen, fast ein bisschen erhaben.

– Sie können sich auch einfach mal Zeit nehmen und jemandem zuhören, der Kummer hat oder einfach nur erzählen will.

– Versuchen Sie, ein kleines bisschen Ordnung in die Welt zu bringen – nein, dazu brauchen Sie keinen internationalen Konflikt zu lösen. Es reicht, eine Plastikflasche aufzuheben und in den nächsten Abfalleimer zu werfen. Die Ordnung, die Sie im Außen herstellen, wirkt sich auch auf Ihr »Innenleben« aus.

– Sie können einen Streit schlichten oder den Ärger eines Kollegen/einer Kollegin auffangen – auch wenn es nicht um Ihren Zuständigkeitsbereich geht (es kann allerdings sinnvoll sein, sich dazu vorher die Erlaubnis bei den beteiligten Personen zu holen, sonst könnte es als unerwünschte Einmischung gewertet werden).

Schritte aus dem Sumpf | *Das besondere Sumpfmanagement in zehn Schritten*

– Oder Sie rufen einen Freund oder Bekannten an und
teilen einfach nur kurz mit, dass Sie an ihn denken –
»zwecklos«, aber nicht sinn- oder wirkungslos (eine
SMS funktioniert natürlich auch).

– Wahrscheinlich wird Ihnen noch eine ganze Reihe
weiterer Gelegenheiten einfallen, wie Sie in Ihrem unmittelbaren Umfeld mit geringem Aufwand etwas zum
Besseren gestalten können – und sich damit jedes Mal
ein klein wenig aus dem Sumpf, in dem Sie gerade fest-
stecken, herausziehen.

o Natürlich kann das Engagement für andere auch den
Einsatz finanzieller Mittel einschließen. Spenden an
Hilfsorganisationen, an örtliche Vereine, die Kirche, Sozi-
alprojekte, für kulturelle Arbeit usw., die Möglichkeiten
sind da grenzenlos. Beim Thema Geld sind zwei Aspekte
nicht ganz unbedeutend:

– Es ist für das Quantum, um das Sie der finanzielle Einsatz aus dem Sumpf herauszieht, nicht so sehr entscheidend, wie viel Sie geben, sondern mit welcher inneren
Haltung dies geschieht. Ob jemand für ein Hilfsprojekt
eine Million oder 100 Euro spendet, mag objektiv einen
großen Unterschied machen. Für Sie selbst aber ist entscheidend, dass Sie im Verhältnis zu Ihren Möglichkeiten einen gewissen Betrag einsetzen und dies aus Überzeugung tun, sozusagen »Ihr Bestes geben«.

– Der Umfang dieses Engagements kann sich auch verändern – immer angepasst an die jeweiligen Möglichkeiten. Ob Sie sich nun an einer festen Prozentzahl Ihres Jahreseinkommens orientieren oder flexibel jedes
Jahr neu entscheiden – es kommt darauf an, dass Sie
sich mit der Entscheidung wohlfühlen und aus freien
Stücken geben. Und für manch lokales Projekt können
zehn Euro eine ganze Menge sein!

○ Wollen Sie Ihrer Schopfstrategie ein etwas formelleres Äußeres geben, dann kann es sinnvoll sein, sich in einem Verein oder einer Organisation zu betätigen, ein festes Amt oder eine Aufgabe zu übernehmen. Das kann im sozialen, politischen oder kulturellen Bereich sein, als ehrenamtlicher Gemeinderat, Leiter oder Mitarbeiter einer Hilfsorganisation (Feuerwehr, Sanitätsdienst), als Übungsleiter oder Rechtsaußen im Fußballverein, in der örtlichen Skigymnastiktruppe usw. – es gibt unendlich viele Möglichkeiten, in der Stadt ebenso wie auf dem Land (dort angesichts der hohen Vereinsdichte oft sogar noch mehr). Und dann gibt es natürlich auch noch viele weniger zeitintensive und vor allem flexibel gestaltbare Varianten: ein paar Stunden Nachbarschaftshilfe pro Woche, der Kirchenchor, der Elternbeirat in der Schule und und und.

Finden Sie selbst heraus, welche Strategie zu Ihnen passt, probieren Sie das eine oder andere aus. Manchmal kostet der erste Schritt Überwindung, vielleicht scheitern Sie auch mal, aber das sollte Sie nicht davon abhalten, einen neuen Versuch zu starten.

Und so könnte mein Engagement für andere in Zukunft aussehen:

Lernen Sie richtig hören und sprechen

Kommunikation kann in vielen Bereichen und auf ganz unterschiedlichen Ebenen schiefgehen. Schon allein deshalb, weil wir ja letztlich immer kommunizieren, sobald wir in Gegenwart anderer Menschen sind. Wir verhalten uns immer in irgendeiner Weise, senden Signale, selbst wenn wir schweigen, kommunizieren wir. Manchmal ist ein falsches Wort zur unpassenden Zeit der Freifahrtschein in die Sumpflandschaft. Gescheiterte Dialoge zwischen Staatenlenkern haben zu Kriegen geführt – ein falsches Wort am Frühstückstisch kann den ganz persönlichen Beziehungssumpf noch ein gutes Stück morastiger machen. Eine fehlende Nachfrage kann Millionengeschäfte zum Scheitern bringen – und Sprachlosigkeit in finanziellen Fragen hat manche Kleinfamilie in den Ruin getrieben. Woran liegt es, dass es uns oft so schwerfällt, miteinander zu reden statt gegeneinander oder übereinander?

Das liegt in erster Linie einmal daran, dass jeder Mensch die Welt primär von seinem eigenen Sumpf aus betrachtet. Er steckt da gewissermaßen in seinem eigenen kleinen Territorium fest, das bei dem einen engere, bei dem anderen weitere Sichtfelder eröffnet, je nachdem, wie tief Sie im Sumpf drinstecken. Aber Sie sehen die Welt immer durch Ihre Brille. Viele Menschen glauben, dass diese Sichtweise der objektiven Lage, der Realität entspricht, mehr noch, sie gehen davon aus, dass es die einzige mögliche Sichtweise ist. Und das kann zu Problemen führen, wenn man auf eine andere Sichtweise trifft, auf ein anderes kleines Universum, das ja auch für sich in Anspruch nimmt, das einzig richtige zu sein. Im Großen erleben wir die Ergebnisse solcher Sichtweisen täglich, wenn sich zum Beispiel Ideologien unversöhnlich gegenüberstehen und daraus kriegerische Konflikte entstehen. Aber der Mechanismus funktioniert auch im Kleinen, im täglichen Miteinander, im Supermarkt, am Telefon bei einem Kundengespräch oder im Dialog mit Kollegen, in der Kommunikation mit den Kindern oder dem Partner. Meist sind wir uns dessen nicht bewusst, und das macht die Sache dann sogar noch ein bisschen gefährlicher.

Der erste Schritt raus aus diesem Sumpf ist, sich dieses Umstandes bewusst zu werden: dass es nämlich unendlich viele unterschiedliche Sichtweisen der Welt gibt und dass jede dieser Sichtweisen ihre Berechtigung hat. Kein Modell ist besser oder richtiger als das Modell eines anderen Menschen. Die eigene Sicht ist von mannigfaltigen subjektiven Aspekten geprägt, und sich deren Relativität bewusst zu werden, das stellt schon einen ziemlich starken Zug am eigenen Schopf dar.

Die Basis für eine erfolgreiche, von Missverständnissen freie Kommunikation ist, die Sichtweise des anderen nachzuvollziehen, sich in ihn hineinzuversetzen, seinen Standpunkt einzunehmen und Verständnis für seine Sicht der Dinge zu zeigen, ihm – kurz gesagt – in seinem Sumpf zu begegnen. Das bedeutet nicht, dass Sie Ihren eigenen Sumpf völlig aufgeben und umziehen, sich also zum Beispiel selbst verleugnen oder Ihren eigenen Standpunkt ersatzlos streichen – nein, es geht darum, eine gemeinsame Grundlage herzustellen, eine Grundübereinstimmung. Aufbauend auf dieser werden Sie Ihre eigenen Interessen viel besser vertreten können.

Die Freiheit, sich so zu verhalten, haben Sie. Denn es gibt ja keine Urgesetze, nach denen Kommunikation immer auch bedeutet, aneinander vorbeizureden. In der Tat stecken viele Menschen im Opfersumpf fest: Sie glauben, ihr eigenes Verhalten könne immer nur Reaktion auf das Verhalten anderer sein, sie hätten gar nicht anders handeln

können. Letztlich liegt es aber in Ihrer ureigenen Verantwortung, ob Sie verstanden oder missverstanden werden, ob
Sie sich dem Sumpf, also der Sichtweise des anderen etwas
annähern oder nicht. Ausprobieren hilft, Sie können in diesem Fall nur gewinnen.

Und dann gibt es noch einen zweiten Aspekt, der Kommunikation schwierig macht: Angst. Angst vor Ablehnung,
vor Kritik, vor Enttäuschung und schlechten Gefühlen, die
aus all dem entstehen können. In diesem Sumpf vergraben
wir uns dann, ziemlich bald fest davon überzeugt, dass es
besser ist, nichts zu sagen. Oder eben das, wovon wir meinen, dass es unser Gegenüber gerne hören will. Und so
könnte es sein, dass Sie manchmal selbst erstaunt sind, wenn
Sie sich zuhören. Weil das, was Sie da sagen, völlig von dem
abweicht, was Sie eigentlich wollen.

In Beziehungen und der Familie kommt wohl am häufigsten die Angst vor Verlust der Zuneigung und Anerkennung zum Tragen. Wir wollen niemanden verletzen oder vor
den Kopf stoßen – und schon gar nicht wollen wir, dass andere schlecht über uns reden. Aber auch der Beruf bietet
manchen Ansatzpunkt. Hier ist es wohl vor allem die Angst
vor den wirtschaftlichen Folgen unserer Worte, dem Verlust
des Arbeitsplatzes vielleicht, dem geplatzten Deal, dem An-
sehensverlust bei Kollegen und Vorgesetzten. Und ganz besonders schwer tun wir uns schließlich häufig damit, Fremde
anzusprechen. Oft nehmen wir davon Abstand, einen interessanten neuen Kontakt aufzubauen, vielleicht die Grundlage für eine gute Freundschaft zu legen, weil wir der Ansicht sind, man könne doch nicht einfach so jemanden
ansprechen. Dahinter verbirgt sich dann häufig die Befürchtung, zurückgewiesen zu werden.

169

Besser hören, besser sprechen – erfolgreich kommunizieren

Der Ausgangspunkt für eine erfolgreiche Kommunikation sind »Ich-Botschaften«. Das bedeutet: Grundsätzlich sagt zunächst jeder nur, was er selbst denkt und fühlt, wie er etwas erlebt und was ihn bewegt. Das klingt einfach – und dennoch scheitern wir häufig schon an diesem Punkt. Wer einmal bewusst darauf achtet, wird merken, wie oft wir selbst nicht von uns und andere nicht von sich sprechen, sondern von dem, was der andere, der Kommunikationspartner, angeblich denkt und fühlt. »Du verstehst mich nicht.« – »Du bist ungerecht.« – »Das machst Du nur, um mich zu ärgern.« Solche Äußerungen erzeugen Widerstand bei unserem Gegenüber. Denn wie kann der andere wissen, was man selbst denkt oder fühlt?

Aber wie geht das: in Ich-Botschaften sprechen? Es wird nicht damit getan sein, häufig genug »Ich« zu sagen. Führt man all die vielen Ratgeber, die es zu diesem Thema gibt (unter ihnen ist das Buch »Gewaltfreie Kommunikation« von Marshall B. Rosenberg eines der wertvollsten), auf ihre Kernaussagen zurück, dann kommt es letztlich darauf an, in den eigenen Aussagen potenzielle verbale Angriffe auf den Kommunikationspartner zu vermeiden. Wann immer sich unser Gegenüber angegriffen fühlt, wird die Kommunikation schwierig, am Ende vielleicht sogar scheitern.

Typische, häufig auftretende Stolpersteine sind vor allem die folgenden drei:

o *Bewertungen und Beurteilungen statt Beobachtungen und Tatsachen*

Sehr häufig werden im Gespräch objektive Tatsachen, deren Feststellung an sich völlig unproblematisch ist, mit Bewertungen oder Urteilen vermengt. Wer aus der feststehenden Tatsache, dass jemand seine Arbeit nicht innerhalb der vorgegebenen Zeit erledigt, den Schluss zieht: »Er schafft seine Arbeit nie«, der bringt eben eine wertende Ebene mit ein und zieht einen Schluss, der so vielleicht nicht stimmt. Auf jeden Fall besteht die Gefahr, dass eine derartige Äußerung den anderen verletzt und in Angriffsstellung gehen lässt. Die Wahrscheinlichkeit, dass der andere tatsächlich hört, was man eigentlich sagen will, sinkt. Besondere Tretminen sind in diesem Zusammenhang kleine Füllwörter wie »immer«, »nie« oder »jedes Mal«. Bei solchen Generalisierungen ist die Abwehrhaltung des Gegenübers vorprogrammiert.

Wenn Sie sich stattdessen ganz eng an die Tatsachen halten und diese auch als solche kennzeichnen, sinkt die Gefahr, dass Sie in Wertungen abgleiten. Statt aus der Tatsache, dass ein anderer sein Geld spendet, den Schluss zu ziehen: »Du bist zu großzügig«, könnte die Aussage dann vielleicht lauten: »Wenn ich sehe, dass du all dein Geld spendest, finde ich, dass du zu großzügig bist.« Das mag am Anfang etwas mehr Umstände machen und Aufmerksamkeit erfordern, verhindert aber, dass der andere sich angegriffen fühlt.

o *Von den Gefühlen des anderen sprechen statt nur von den eigenen*

Damit sind vor allem Sätze gemeint, die anfangen mit »Ich habe das Gefühl, dass du ...«. Das Trickreiche daran ist, dass wir uns umgangssprachlich so an diese Formulierung gewöhnt haben, dass der explosive Gehalt gar nicht mehr auffällt. Denn es bleibt festzuhalten: Solche Gefühle über andere können wir streng genommen nicht entwickeln. Wir können über unsere eigenen Befindlichkeiten und Empfindungen sprechen, nicht aber darüber, was der andere fühlt. Das mag sehr spitzfindig klingen, birgt aber Konfliktpotenzial. Denn in der Formulierung »Ich habe das Gefühl, dass du dich drückst« steckt ja –

verpacht in einer unangreifbaren Empfindung – ein Vorwurf. Besser ist es daher, bei sich selbst zu bleiben, die eigenen Gefühle und Bedürfnisse wahrzunehmen und zu benennen. Der andere mag ein Auslöser dafür sein, er ist aber nicht die Ursache meiner eigenen Gefühle. Wer statt »Ich habe das Gefühl, du willst mich nicht unterstützen« sagt: »Ich habe das Gefühl, ich schaffe das nicht«, steigert die Aussichten auf das an sich angestrebte Hilfsangebot ganz beträchtlich, ersetzt er doch den Vorwurf mangelnder Unterstützung durch eine Aussage über seine eigene Hilfsbedürftigkeit.

○ *Forderungen statt Bitten aussprechen*
Und noch ein Fehler, der der einfachen und direkten Kommunikation oft im Wege steht: Bitten werden nicht als solche geäußert, sondern in Form einer Forderung. Das macht in der Wortwahl unter Umständen gar keinen Unterschied, es geht mehr um die Haltung, mit der sie vorgetragen wird. Bei einer echten Bitte wird der Sprecher eine eventuelle Ablehnung akzeptieren und respektieren. Anders bei einer Forderung: Hier werden auf die Ablehnung häufig Kritik folgen, Verurteilungen oder Aussagen, die beim Ablehnenden Schuldgefühle hervorrufen sollen. Nehmen Sie mal an, ein Chef »bittet« seinen Assistenten, die Termine der kommenden Woche aufzulisten. Dieser antwortet ihm: »Dazu komme ich erst übermorgen.« Wenn der Chef dann antwortet: »Klar, Sie konnten sich ja noch nie richtig organisieren«, dann war die Bitte wohl eher eine Forderung – und die Ablehnungsmöglichkeit eigentlich nicht vorgesehen. Wenn die Antwort hingegen lautet: »Fühlen Sie sich überlastet und brauchen Sie mehr Zeit dazu?«, dann liegt die Annahme einer echten Bitte, die auch die Möglichkeit der Ablehnung in Kauf nimmt, näher.

Echte Bitten sind außerdem dann Erfolg versprechend, wenn sie

○ klar beschreiben, was man möchte, und vor allem positiv gehalten sind (also zum Beispiel: »Ich möchte, dass du maximal zwei Wochen im Jahr allein wegfährst« statt »Ich möchte nicht, dass du so viel unterwegs bist«);

○ ausreichend konkret und bestimmt sind, insbesondere ein bestimmtes Verhalten wünschen (also: »Ich möchte, dass du wöchentlich einmal zum Einkaufen gehst« statt »Es wäre schön, wenn du mich mehr unterstützen würdest«);

○ keine Vergleiche enthalten (also: »Ich wünsche, dass Sie unsere Terminabsprachen einhalten« statt »Es wäre gut, wenn Sie ebenso zuverlässig wären wie Mayer aus der Buchhaltung«).

Auf den Punkt gebracht lautet die Grundformulierung der Ich-Botschaft:

»Wenn du …	Tatsache
Bin ich …	Gefühl
weil ich …	Bedürfnis
und ich bitte dich, dass du …«	echte Bitte

Es geht darum, bei sich zu bleiben, bei den eigenen Gefühlen und Bedürfnissen, und eben nicht vorwerfend und verurteilend zu formulieren: »Ich bin, weil du …«

Kommunikation besteht aber nicht nur aus Sprechen, sondern auch aus Hören. Und der Mechanismus, der beim Sprechen eingreift, funktioniert leider auch beim Zuhören und vor allem bei der Interpretation des Gehörten. Sehr schnell nämlich beziehen wir eine Aussage unseres Kommunikationspartners ausschließlich auf uns, denken bei Kritik oder Vorwürfen: »Er ist unzufrieden, etwas stimmt nicht mit mir«. Die Folge ist, dass wir in Verteidigungshaltung gehen, versuchen, uns zu rechtfertigen, vielleicht sogar die Schuld auf uns nehmen, schlimmstenfalls für etwas, für das wir uns eigentlich überhaupt nicht verantwortlich fühlen. Der Mechanismus, der dann abläuft, lässt sich kurz auf die Formel bringen: »Du bist, ... weil ich ...«

Dabei übersehen wir freilich, dass sich hinter den Äußerungen meist gar kein Vorwurf versteckt, sondern ein Bedürfnis, ein Wunsch des anderen. Nicht um uns geht es also, sondern um unseren Gesprächspartner. Die Kunst besteht nun darin, auf das Bedürfnis hinter den Worten zu lauschen und dies in Worte zu packen, die der andere annehmen kann. Eine Basisformel hierfür lautet:

»Wenn ich ...	Tatsache
bist du ...	Gefühl
weil du ...	Bedürfnis
und du möchtest gerne, dass ich ...«	Wunsch

Das ist das genaue Spiegelbild zur Formulierung der Ich-Botschaft. Für den konkreten Anwendungsfall empfiehlt es sich übrigens, die Wiedergabe in Frageform zu verpacken (»Bist du traurig, weil du das Bedürfnis nach ... hast?«). Das lässt die Möglichkeit zur Richtigstellung offen und ermutigt den anderen, mehr von seinen Bedürfnissen mitzuteilen.

Häufig geht es unserem Gegenüber ja nicht mal um Zugeständnisse oder Leistungen, sondern einfach um Verständnis für seine Lage oder für eine bestimmte Situation. Verständnis kann in einer solchen Lage der Schlüssel zur Lösung eines Problems sein, selbst wenn sich die Parteien bis zu diesem Zeitpunkt ziemlich unversöhnlich gegenüberstanden.

Zu der Zeit, als ich noch Verleger war, erreichte mich einmal der wütende Anruf eines Buchhändlers – schon am Klingelton war die Wut hörbar, und kaum hatte ich abgenommen, da ging es auch schon los: Was ich mir eigentlich erlaube, ihm den ganzen Laden mit unserem Zeug vollzustellen, was ich mir vorstellte, an wen er das verkaufen solle, woher ich das Recht nähme, ihm das aufzuhalsen ... es ging noch eine ganze Weile so. Dass einer seiner Mitarbeiter die Bestellung getätigt hatte und die Verlagsseite damit formal im Recht war, erwähnte ich erst mal lieber nicht. Das hätte in der konkreten Situation nicht viel gebracht. Stattdessen schaltete ich auf maximales Verständnis um: Ich bestätigte ihm, dass ich seine Aufregung gut verstehen könne, zumal ihm die Ware ja sicher wertvollen Lagerplatz wegnehme, sagte ihm, dass es mir leid tue. Selbstredend bot ich ihm die Rücknahme der Ware an ... aber das war gar nicht mehr nötig. Ich hatte ihm mit meinen Worten genau das entgegengebracht, was er brauchte: Verständnis. Er bot dann von sich aus an, bis zum Semesterende abzuwarten und einfach mal zu sehen, was er verkaufe. Das hat erfreulicherweise auch funktioniert, er musste sogar nach fünf Wochen nachbestellen …

Und weil diese beiden Punkte zum Sprechen und Hören so wichtig sind und doch so häufig falsch gemacht werden, finden Sie hier die wichtigsten Punkte nochmals grafisch zusammengefasst:

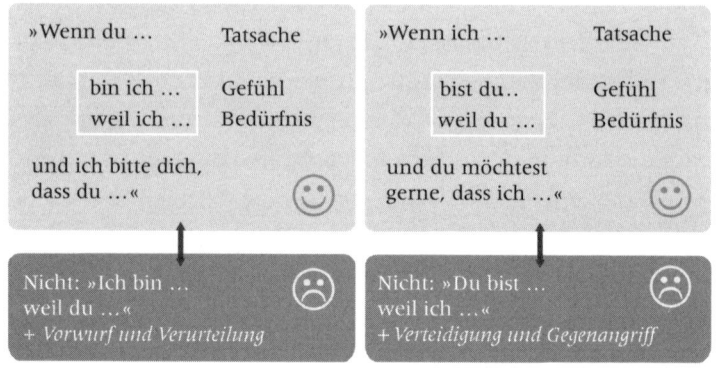

Ganz wichtig: Fragen!

Erhalten wir auf eine Bitte ein »Nein« zur Antwort, dann ist es keineswegs unzulässig, nach dem Warum zu fragen. So selbstverständlich das auch klingt: Auf die nicht so fernliegende Idee, dass es einen sachlichen Grund für Ablehnung geben kann, will man oft einfach nicht kommen. Da wird lieber auf das bekannte Sumpfrepertoire zurückgegriffen: Wir moralisieren (»Sie können mich doch nicht im Stich lassen«), drohen (»Das merke ich mir, glauben Sie ja nicht, dass ich Ihnen nächstes Mal helfe«), betteln (»Sie haben keine Ahnung, wie schlecht es mir geht«), ködern (»Vielleicht kann ich mich auch mal erkenntlich zeigen«) oder jammern einfach (»Bei mir geht halt immer alles schief …«). Die einfache und naheliegende Frage nach dem »Warum« einer Ablehnung kommt uns einfach nicht über die Lippen.

Aber warum eigentlich nicht? Weil wir befürchten, die Ablehnung könne etwas mit unserer Person zu tun haben. Und diese Erfahrung von Ablehnung wollen wir uns ersparen. Schon die Ablehnung an sich beziehen wir häufig auf uns selbst, und wenn man mal in dieser Denkspirale drin ist, dann kann es ja gar keinen sachlichen Grund mehr geben, dann muss es ja etwas Persönliches sein. Aber wenn Sie dann doch mal über Ihren Schatten springen und nachfragen, werden Sie wahrscheinlich überrascht sein, wie häufig die Ablehnung so rein gar nichts mit Ihnen selbst zu tun hat, sondern ausschließlich mit sachlichen Gründen oder der Person Ihres Gegenübers. Und häufig lässt sich dafür dann sogar eine Lösung finden, aus dem »Nein« lässt sich ein »Ja« machen, wenn es nämlich gelingt, Verständnis zu zeigen für die zunächst ablehnende Haltung und das dahinterliegende Bedürfnis oder die Bedenken zu erforschen. »Du bist, weil du …« statt »Du bist, weil ich …« – das gilt auch beim Fragen.

Und auch zur letzten Schopfstrategie »Lernen Sie richtig hören und sprechen!« können Sie sich die für Sie wichtigen Punkte notieren:

_____

_____

_____

_____

_____

_____

DAS GEHEIMNIS
DER VERÄNDERUNG UND
PERSÖNLICHES WACHSTUM

Nun haben Sie gelesen, wie Sie sich mittels vielfältiger Methoden aus so manchem Sumpf ziehen können, haben vielleicht das eine oder andere vom psychologischen Büfett mitgenommen und wollen damit Ihr Leben verändern, ja verbessern. Dabei gilt vor allem: Gehen Sie behutsam vor, lassen Sie sich Zeit, denn jedes Wachstum, jede Veränderung braucht Zeit – vor allem, wenn es um Verhaltensänderungen, also die Veränderung von Gewohnheiten geht, und was vielleicht noch schwieriger ist, wenn es darum geht, alte, tief sitzende Muster loszulassen, die uns immer wieder, wie ein Autopilot, in die gleichen Fallen und Gruben stürzen lassen. Denn schwerer noch, als Neues zu erlernen, ist es, von alten Gewohnheiten zu lassen. Doch beginnen wir mit dem Neuen.

Ändern Sie sich spielerisch

Stellen Sie sich einmal folgende Situation vor: ein eiskalter Wintertag, morgens um sieben Uhr. Es hat geschneit und schneit immer noch, der Winterdienst hat nur das Nötigste räumen können. Der Weg von der Bahnstation zum Bushäuschen ist tief verschneit. Es kommen – noch vereinzelt – die ersten Fahrgäste mit der Bahn an und eilen zum Bus. Im Schnee bildet sich eine Spur, zunächst kaum erkennbar, und immer wieder fallen neue Schneeflocken auf diesen Trampelpfad, die ihn verdecken. Aber nach und nach entsteigen immer mehr Menschen den nachfolgenden Bahnen, sie treten den Weg tiefer und breiter, schließlich kann auch der fallende Schnee nicht mehr den Trampelpfad in der Winterlandschaft verdecken.

Was hat das mit unserem Thema zu tun? Nun, in unserem Gehirn gibt es eine unendlich große Vielzahl von Nervenbahnen, auf denen unsere Gewohnheiten – bildlich gesprochen – wie auf breiten vorfahrtsberechtigten Highways fahren. Das ist sicher und bequem, aber leider auch sehr hinderlich, wenn wir uns vornehmen, etwas Neues in unser Leben zu integrieren. Beginnt man mit etwas Neuem, dann kommt man sich am Anfang vielleicht wie ein Geisterfahrer vor: Man fährt gegen die Hauptrichtung, gegen den Strom der alten Gewohnheiten, und das kann ganz schön anstrengend sein. So anstrengend, dass wir unser Vorhaben nach ein paar Tagen oder Wochen vielleicht lieber sein lassen.

Wer etwa zehn Jahre lang sechs Tage in der Woche um 7.30 Uhr aufgestanden ist, hat das insgesamt 3.120 Mal so gemacht. Beschließt man dann, ab sofort täglich joggen zu gehen und deshalb schon um 6.45 Uhr aufzustehen, wird einem das zunächst einmal schwerfallen – schließlich ist die alte Gewohnheit (7.30 Uhr – und keine Minute früher!) tief im Nervensystem verwurzelt.

Der Strom unserer vertrauten Gewohnheiten
(d.h. unsere Programme und Konditionierungen)

Allerdings besteht dieses Veränderungsproblem nur am Anfang. Denn unser Gehirn verhält sich flexibler als die Straßenverkehrsordnung. Auf der Autobahn wird die herrschende Fahrtrichtung immer beibehalten werden, und wenn Sie gegen die Fahrtrichtung fahren, bleiben Sie Geisterfahrer und werden auf Widerstand stoßen. Es ist eher ausgeschlossen, dass die anderen sich Ihnen anpassen werden. Anders verhält es sich bei unseren Nervenbahnen: Deren Hauptrichtung lässt sich sehr wohl ändern, Gewohnheiten lassen sich umprogrammieren. Und diese Umprogrammierung funktioniert auf ganz ähnliche Weise, wie sich der Schneetrampelpfad gebildet hat: indem man immer wieder über immer dieselbe Stelle läuft, einer Tätigkeit also auf die gleiche Weise und möglichst auch zur gleichen Zeit immer und immer wieder nachgeht.

Das neue Verhalten muss also tatsächlich »eingespurt« werden, so lange, bis schließlich ein neuer Verhaltens-Highway vorhanden ist.

Neues Verhalten, mit dem man zunächst gegen den
Strom der alten Gewohnheiten schwimmen muss

Ein kleines, unschönes Hindernis gibt es dabei freilich: Die
Relation von Aufwand und Ertrag fällt in der Anfangsphase
erst mal zu unseren Ungunsten aus, in der Betriebswirtschaft würde man sagen: Der »return on investment« ist
stark verbesserungsbedürftig. Denn zum einen müssen Sie –
da Sie sich ja noch gegen die Fahrtrichtung bewegen – für
das neue Verhalten ziemlich viel Kraft aufwenden, also einen hohen Einsatz an Selbstüberwindung aufbringen. Zum
anderen fällt es am Anfang oft sehr schwer, die Vorteile zu
sehen. Die Rendite an »Wohlgefühlseinheiten« ist eben einfach sehr gering, wenn Sie zum Beispiel ein Laufprogramm
in Ihren Alltag integrieren wollen und in der Anfangsphase
zunächst mal vor allem Muskelkater haben und mit Kurzatmigkeit kämpfen müssen. Das alles macht sich zunächst in
Ihrem Befinden negativ bemerkbar, und zu irgendeiner
Ausschüttung von Endorphinen, die gute Laune machen
sollen, kommt es auch nicht. Aber auch dieses Problem stellt
sich nur am Anfang. Wenn Sie dranbleiben und den Trampelpfad kontinuierlich weiter ausbauen, dann erreichen Sie
ziemlich bald den Punkt, an dem sich das Verhältnis von
Aufwand und Ertrag umkehrt. Jetzt kostet es Sie nicht mehr
so viel Selbstüberwindung und Kraft, das neue Verhalten
durchzuhalten, und die positiven Aspekte treten langsam in

den Vordergrund. Jetzt ist der »return on investment« wesentlich besser, und es wird auch immer unwahrscheinlicher, dass Sie das neue Verhalten aus einer Laune heraus wieder über Bord werfen.

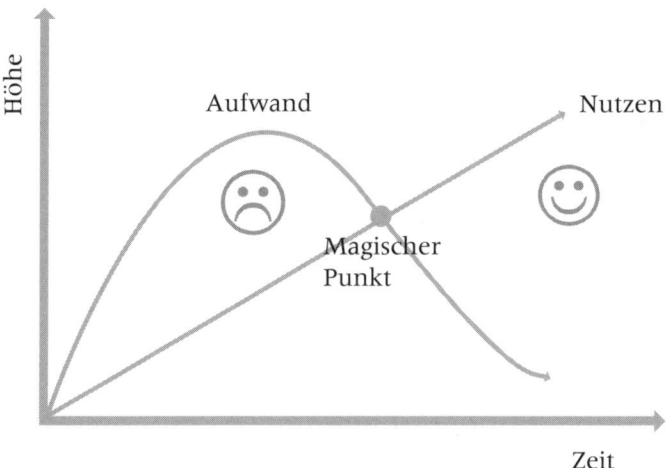

Womit sich die Frage stellt, wie lange es dauert, bis ein neues Verhalten »eingespurt« ist, bis das Verhältnis von Aufwand und Ertrag also jenen »magischen Punkt« erreicht hat, an dem wir eigentlich nicht mehr zu unserem alten Verhalten zurückkehren wollen. Bis Sie also tatsächlich jeden Tag um 6.45 Uhr aufstehen, ohne dies als Zwang zu empfinden, ohne sich überwinden zu müssen, vielleicht sogar, ohne den Wecker stellen zu müssen. Über die notwendige Eingewöhnungszeit wird in der Welt der Verhaltensforscher ein wenig gestritten. Manche sagen, man brauche ein halbes Jahr, andere halten schon sechs bis acht Wochen für ausreichend. Letztlich kommt es auf solche Zeitangaben nicht an. Das sind alles nur Richtwerte, und bei jedem Menschen läuft es ein bisschen anders. Für den einen reichen eben schon wenige

Wochen aus, der andere braucht tatsächlich mehrere Monate. Eine verlässliche Methode, mit deren Hilfe Sie den Ausbaustand Ihres Nervenhighways in Erfahrung bringen, besteht darin, zu prüfen, wie sehr Sie sich noch zu Ihrer neuen Tätigkeit überwinden müssen. Da der Überwindungsaufwand in der Anfangsphase sehr hoch ist, gilt: Je mehr Sie sich überwinden müssen, desto gefährdeter ist Ihr neues Verhalten – je leichter es Ihnen fällt, desto näher sind Sie am »magischen Punkt« dran.

Die Anfangsphase ist entscheidend

Langfristige Verhaltensänderungen sind vor allem in der Anfangsphase besonders störanfällig. Das leuchtet unmittelbar ein, wenn Sie sich nochmal die Aufwand-/Ertragsgrafik vergegenwärtigen: Wer viel Energie für wenig Profit aufwenden muss, neigt dazu, irgendwann seinem inneren Schweinehund zu folgen und die Sache einfach aufzugeben. Dabei ist es gar nicht so schwer, diese Phase heil zu überstehen. Entscheidend sind dabei vor allem folgende drei Aspekte:

1. Immer nur eine Sache angehen – und dieser oberste Priorität geben.
2. Klein anfangen und langsam steigern.
3. Keine Ausnahmen zulassen – oder mindestens ein Minimal- oder Nachholprogramm durchziehen.

Gehen Sie immer nur eine einzige Sache an und geben Sie dieser oberste Priorität!

Ein sehr häufig begangener Fehler ist, sich zu viel auf einmal vorzunehmen. Für langfristig angelegte Verhaltensänderungen ist das tödlich. Denn es wird der Tag kommen, an dem Sie sich nicht allen Ihren Vorhaben mit gleicher Intensität widmen können – und schon hakt es beim Ausbau des Trampelpfades. Widmen Sie daher in der Startphase Ihre ganze Kraft nur einem Ziel. Andernfalls kämpfen Sie an verschiedenen Fronten, und Mehrfrontenkriege bringen bekanntermaßen den Nachteil mit sich, dass man den Überblick verliert und zu rasch Zugeständnisse an den weniger gut überblickbaren Frontabschnitten macht. Wer also meint, ab morgen mit dem Joggingprogramm, dem Abnehmprogramm, dem Sprachlernprogramm und dem Meditations-programm anfangen zu müssen, sollte lieber »abspecken« und eines nach dem anderen angehen. Konzentrieren Sie sich nur auf ein Vorhaben, und geben Sie diesem oberste Priorität in Ihrem Leben. Es geht darum, neue Verhaltenshighways in Ihrem Nervensystem zu bauen – dafür könnte es hilfreich sein, mögliche Hindernisse von vornherein aus dem Weg zu schaffen. Setzen Sie Ihr Vorhaben ganz oben auf Ihren Terminkalender, erledigen Sie es gleich am Anfang des Tages, und versuchen Sie bei Terminkollisionen lieber etwas anderes zu streichen, sonst rutschen Sie schnell in die Ausnahmefalle (dazu mehr auf den Seiten 187 ff.).

Fangen Sie klein an und steigern Sie sich langsam!

Das ist ganz besonders wichtig: Gehen Sie in kleinen Schritten vor, machen Sie sich den Anfang so leicht wie nur irgend möglich. Denken Sie immer daran: Am Anfang brauchen Sie das Gefühl der Machbarkeit. Ein Vorhaben, eine Verhaltensänderung werden Sie nur dann erfolgreich angehen, wenn Sie sich im Rahmen Ihrer objektiven Fähigkeiten und Möglichkeiten bewegen, sich weder über- noch unterfordern und mit dem guten Gefühl »Das kann ich schaffen« an die Sache gehen. Legen Sie deshalb die Latte niedrig – auch wenn Sie dabei das Gefühl haben, alles gehe in Zeitlupe. Angenommen, ein bislang eher unsportlicher Mensch möchte nun endlich etwas für seine Gesundheit, seine Fitness und seine Ausdauer tun. Er weiß, dass dafür täglich 30 bis 45 Minuten Laufen ideal wären – das hat ihm zumindest sein Internist empfohlen. Wenn er nun gleich am ersten Tag mit diesem Pensum startet, könnte es sein, dass ihm der Spaß an der Sache schnell vergeht. Wahrscheinlich plagt ihn am nächsten Tag ein so heftiger Muskelkater, dass er eine Zwangspause einlegen muss – für den Verhaltenstrampelpfad ist das natürlich ganz schlecht, denn der bildet sich in diesem Fall schon zurück, bevor er das erste Mal so richtig sichtbar wurde.

Besser könnte es gehen, wenn sich unser zukünftiger Läufer den Anfang leicht macht. Das bringt zunächst mal beinahe nichts für die angestrebte Fitness, aber viel für die Verhaltensänderung. Wer also mit nur zehn Minuten täglich startet, nach zwei Wochen auf 15 Minuten erhöht, nach weiteren zwei Wochen auf 20 Minuten und so – im Zweiwochenrhythmus – jeweils sein Pensum um zehn Minuten erweitert und schließlich auf 40 oder 50 Minuten kommt, der tut am Ende deutlich mehr für seine Gesundheit als derjenige, der gleich am Anfang aufgibt, und spurt gleichzeitig seine Verhaltenspfade nachhaltig neu.

Diese Methode gilt für alle Lebensbereiche, beim Erlernen einer Fremdsprache genauso wie bei beruflichen Projekten. Wollen Sie in Zukunft täglich eine halbe Stunde Ruhe für sich haben, um sich nicht mehr von der Alltagshektik auffressen zu lassen? Starten Sie erst mal nur mit zehn Minuten. Wer Ruhe gar nicht mehr gewohnt ist, wird sonst in solchen Ruhepausen rasch von einer Reihe störender Gedanken heimgesucht … und kann dann von der Auszeit überhaupt nicht profitieren, empfindet sie vielleicht sogar als unangenehm und gibt sein Vorhaben enttäuscht auf.

Machen Sie keine Ausnahmen!

Der Mechanismus, der sich hinter diesem dritten Punkt versteckt, ist Ihnen möglicherweise wohl bekannt. Ein Vorhaben, auf Dauer angelegt und mit großem Enthusiasmus begonnen, macht gute Fortschritte. Eine Woche, zwei Wochen, auch noch ein paar Tage mehr. Und dann kommt der Tag X, an dem einfach nichts passt: Das Kind ist krank, der Ehepartner verschnupft, das Auto kaputt und hinzu kommen vielleicht noch ein paar andere Widrigkeiten des Lebens. Für die Neuanlage irgendwelcher Verhaltenstrampelpfade haben Sie heute wirklich weder Zeit noch Nerven. Das macht auch nichts, am nächsten Tag machen Sie ungerührt weiter. Aber eine Woche später wiederholt sich der Tag X – in abgeschwächter Form, aber da Sie ja schon vor einer Woche »mal« eine Ausnahme gemacht haben, fällt sie Ihnen diesmal schon ein bisschen leichter. Wahrscheinlich ahnen Sie, wie es weitergeht: Der Tag X wiederholt sich immer öfter, ebenso die Ausnahmen … und am Ende hat es mit der Verhaltensänderung wieder mal nicht geklappt.

Die Ausnahmefalle, um die es hier geht, ist einer der großen Verhinderer jeder Verhaltensänderung, daher ist es hilfreich, den psychologischen Schnappmechanismus dieser Falle zu kennen – und zu wissen, wie man wieder herauskommt. Das Trickreiche an ihr ist ja, dass die erste, oft aus gutem und nachvollziehbarem Grund gemachte Ausnahme die Hemmschwelle für weitere Ausnahmen erheblich senkt. Die erste Ausnahme ist gewissermaßen das Einfalltor für alle weiteren, die Aufgabe, die am Ende der Entwicklung steht, ist in ihr gewissermaßen schon angelegt. Wer während einer Diät einmal anlässlich einer Geburtstagsfeier zur Sahnetorte gegriffen hat, dem fällt es wesentlich leichter, ein paar Tage später der Einladung zum Grillabend zu folgen – auch wenn er weiß, dass dort eher Diätunverträgliches serviert wird.

Es geht also darum, dieser Falle zu entkommen. Und es gibt zwei erprobte Methoden, die helfen. Da ist zum einen das *Minimalprogramm*. Können Sie Ihr Laufpensum tatsächlich mal nicht komplett durchziehen, dann reduzieren Sie es auf ein Minimum: Laufen Sie wenigstens fünf Minuten – ums Haus, um den Block, einmal die Straße rauf und runter. Kann sein, dass Ihre Nachbarn ein wenig den Kopf schütteln, wenn Sie schon nach 5 Minuten wieder zurück sind. Und auch für Ihre Fitness hat das natürlich keine Auswirkungen. Der Vorteil dieses Minimalprogramms liegt aber darin, dass Sie es nicht zu einer kompletten Ausnahme kommen lassen. Ihrem Nervensystem wird damit signalisiert: Wir ändern zwar vorübergehend mal die Trainingsbedingungen, bleiben aber weiter am Ball. Damit kommen Sie gar nicht erst in die Versuchung, eine zweite Ausnahme zu machen – denn jede Ausnahme bleibt eine erste, und die wird Ihnen immer schwerer fallen, je weiter Sie Ihre Verhaltensänderung vorangetrieben haben.

Bleibt auch für das Minimalprogramm keine Zeit, dann greifen Sie zur *Nachholtechnik*. Holen Sie das Versäumte bei allernächster Gelegenheit nach. Legen Sie dafür sofort einen Termin fest, am besten am nächsten Tag, auf jeden Fall aber innerhalb einer Woche. Auch hier wird für das Nervensystem klar festgelegt: Es gibt eine kleine Unterbrechung, aber am Verhaltenstrampelpfad wird mit unverminderter Energie weitergebaut, an einem Tag, der jetzt schon feststeht.

Übrigens: Haben Sie den magischen Punkt, an dem sich das Verhältnis von Aufwand und Ertrag umkehrt, erst einmal überschritten, sollten Sie Ausnahmen zwar immer noch vermeiden, sie sind aber bei Weitem nicht mehr so gefährlich. Ihre neue Gewohnheit ist dann im Regelfall schon so fest verankert, dass Sie von selbst wieder zu ihr zurückfinden.

Früher oder später wird der Tag kommen, an dem der Sumpf die Oberhand zu erringen scheint, an dem Sie am liebsten aufgeben und einfach nicht länger am Schopf ziehen wollen. Für solche Fälle ist es hilfreich, einen kleinen Koffer mit besonderen Sumpfwerkzeugen bei sich zu haben.

○ Tempo rausnehmen: Wenn Sie der Ansicht sind, dass Ihnen Ihr Vorhaben zu viel wird, Sie sich überfordern und in Stress geraten: Nehmen Sie ein wenig Tempo raus. Reduzieren Sie Ihr Tagespensum, machen Sie einfach mal nur das Minimalprogramm. Wichtig ist nur, dass Sie dranbleiben – aber wenn Sie einmal Ihr Tagesziel nicht erreichen, ist damit noch nichts verloren.

○ Nicht gleich aufgeben: Auch wenn es Ihnen gerade überhaupt keinen Spaß mehr macht, Sie auf unerwartete Schwierigkeiten stoßen und Ihre Motivation am Boden liegt: Geben Sie Ihr Vorhaben nicht einfach so auf, nur weil es gerade mal nicht so rund läuft. Selbst wenn Ihre Stimmung kaum noch schlechter werden kann: Lassen Sie's für heute gut sein – und verschieben Sie die Entscheidung auf morgen.

○ Notbremse ziehen: Und manchmal kann es auch gut und hilfreich sein, auf die innere Stimme zu hören, die einem einflüstert: Lass es für heute gut sein, es ist zu viel! Vielleicht überfordern Sie sich tatsächlich und merken gar nicht so richtig, dass Sie zwar seit geraumer Zeit die Sümpfe häufiger wechseln, aber halt doch immer noch ziemlich tief im Morast stecken. Dann setzen Sie einen oder zwei Tage aus, machen Sie etwas, das Ihnen Freude bereitet, Sie ablenkt. Allerdings: Das gilt wirklich nur an solchen Tagen. Wenn Sie also nach einiger Zeit feststellen, dass Sie die Notbremse gezogen haben und seitdem mit angezogener Bremse unterwegs sind, sollten Sie diese schnell wieder lösen.

Persönliches Wachstum und alte Muster

Alte Verhaltens- und Reaktionsmuster sitzen tief und sind gegen Veränderungen äußerst resistent. Vor allem, solange sie uns unbemerkt steuern, wir uns also gar nicht bewusst sind, was da in uns geschieht. Doch selbst, wenn wir erkannt haben, wie sie uns in einer bestimmten Situation im Griff haben und beherrschen, ist der Weg noch lang und erfordert viel Geduld. Häufig geht es einem dabei, wie in der »Autobiografie in fünf Kapiteln« des tibetischen Mönches Sogyal Rinpoche beschrieben:

1. *Ich gehe die Straße entlang.*
   Da ist ein tiefes Loch im Gehsteig.
   Ich falle hinein.
   Ich bin verloren … Ich bin ohne Hoffnung.
   Es ist nicht meine Schuld.
   Es dauert endlos, wieder herauszukommen.
2. *Ich gehe dieselbe Straße entlang.*
   Da ist ein tiefes Loch im Gehsteig.
   Ich tue so, als sähe ich es nicht.
   Ich falle wieder hinein.
   Ich kann nicht glauben, schon wieder
   am gleichen Ort zu sein.
   Aber es ist nicht meine Schuld.
   Immer noch dauert es lange, herauszukommen.
3. *Ich gehe dieselbe Straße entlang.*
   Da ist ein tiefes Loch im Gehsteig.
   Ich sehe es.
   Ich falle immer noch hinein … aus Gewohnheit.
   Meine Augen sind offen.
   Ich weiß, wo ich bin.

Es ist meine eigene Schuld.
Ich komme sofort heraus.
4. *Ich gehe dieselbe Straße entlang.*
   Da ist ein tiefes Loch im Gehsteig.
   Ich gehe darum herum.
5. *Ich gehe eine andere Straße.*[6]

Diese fünf Kapitel geben metaphorisch sehr gut den inneren psychologischen Prozess wieder, der auf dem Weg des persönlichen Wachstums stattfindet, und man könnte auch sagen, dass er in fünf Stufen erfolgt:

o Erste Stufe: Auf unserem Lebensweg tappen wir in die Falle eines uns nicht bewussten inneren Musters, also einer automatisierten Reaktionsweise, die sich – meist in der frühen Kindheit – gebildet hat, wenn also irgendetwas für uns »nicht gut gelaufen« ist oder wir innerlich verletzt wurden. Ohne dass wir es merken, kommt es zu einer Überreaktion, bei der wir allerdings fest der Ansicht sind, jemand anderes sei daran schuld, und so dauert es auch lange, bis wir aus dieser Angelegenheit wieder herauskommen, das heißt bis wir uns wieder beruhigt haben. Hat beispielsweise ein Mensch (wie etwa unser Mister X, der Mann mit den großen Problemen in Restaurants, den Sie ja schon bei der Sumpfgenese auf Seite 13 kennengelernt haben) als noch hilfloses Baby immer wieder die schmerzhafte Erfahrung machen müssen, dass er nicht zur erwarteten Zeit gestillt wurde und, obwohl er laut geschrien hat, immer noch nicht angemessen versorgt wurde, dann könnte es sein, dass sich aus dieser schmerzhaften Erfahrung ein Muster bildet, das diesen Menschen sein Leben lang begleitet. Schuld an seinem Verhalten ist dann – so die tiefste Überzeugung – allein der »idiotische« Kellner. Mister X dagegen ist ein unverstandenes »Opfer« der äußeren Umstände. Daher auch das Gefühl, verloren und ohne Hoffnung, keinesfalls aber schuld zu sein. Und wenn der Freund, dem Mister X am nächsten Tag von seinen Erlebnissen berichtet, ihn nur allzu gut versteht und ihn bestätigt, ist der nächste Sturz in das Loch im Gehsteig schon vorprogrammiert.

○ Zweite Stufe: Auf dieser Stufe findet die immer noch unbewusste Wiederholung desselben Dramas statt. Noch immer verschließt Mister X die Augen, ist erschüttert, dass ihm die gleiche Geschichte schon wieder passiert. Vielleicht wundert er sich sogar, warum immer er so etwas erleben muss, während alle anderen in den Lokalen rechtzeitig bedient werden oder sich über die »Achtlosigkeit« und Langsamkeit der Kellner gar nicht aufzuregen scheinen. Solange man den eigenen Anteil und das zugrunde liegende Muster nicht erkennt und demzufolge weiterhin die Schuld und Verantwortung abschiebt, ist die Wiederholung dieses Trauerspiels fast vorprogrammiert. Bei manchen Menschen zieht sich das entsprechende Muster dann wie ein roter Faden durchs ganze Leben. Es sei denn, man schafft – von selbst oder mithilfe ehrlicher Dritter – den nächsten Schritt auf die dritte Stufe.

○ Dritte Stufe: Bei dieser Stufe handelt es sich um die Stufe der Erkenntnis. Erst, wenn man weiß, was man tut, kann man beginnen, etwas anderes zu tun. Die einzige Möglichkeit, den geschilderten Teufelskreis zu durchbrechen, ist es, sich des (automatisierten) Vorgangs bewusst zu werden, die eigenen Muster und Ursachen zu erkennen und die Verantwortung dafür zu übernehmen. Das heißt, nicht mehr andere oder die Umstände dafür verantwortlich zu machen. Auf dieser Stufe verstummen demzufolge auch die Opferlieder. Nun wird man versuchen, sich beim nächsten Mal anders zu verhalten, also das Loch im Gehsteig zu vermeiden – doch: Obwohl man es sieht, fällt man doch noch einige Male hinein, aus Gewohnheit. Denn Erkenntnis allein heilt noch nicht, und in Stresssituationen, wenn wir nicht ganz wach sind, übernehmen die alten Muster wie ein Autopilot das Steuer. Das ist dann aber nicht mehr so wild: Wenn Mister X die Augen offenhält, weiß er, wo er sich befindet und was gerade geschieht, er kann erkennen, dass sein Muster sich wieder austoben will, und findet sofort heraus, indem er Strategie und Verhalten ändert. Und mit jedem Mal wächst die Chance, es das nächste Mal anders zu machen.

○ Vierte Stufe: Wieder taucht das Muster auf, doch weil man wach ist, kann man es umgehen. Das wäre der Tag, an dem Mister X im Lokal wahrnimmt, dass er gerade wieder dabei ist, sich über den unaufmerksamen Kellner ärgern zu wollen, er erkennt, was gerade abläuft und schafft es vielleicht, darüber zu lächeln und ganz freundlich etwas zu bestellen. Bis er eines Tages, meist unbewusst (!), die nächste Stufe erreicht.

○ Fünfte Stufe: Das Muster greift nicht mehr. Er sitzt im Lokal, nimmt gelassen zur Kenntnis, dass der Ober ihn anscheinend noch nicht bemerkt hat oder sich mit einem Kollegen gut unterhält, und macht mit ruhigem Ton auf sich aufmerksam. Er geht also eine andere »Verhaltensstraße«.

All dies kann einige Zeit dauern. Die Wegweiser sind: Achtsamkeit, Offenheit, Neugier, Bereitschaft, seine Muster zu erkennen und sein Verhalten zu ändern, und vor allen Dingen möglichst viel Humor in eigener Sache!

Und das alles ganz alleine?

Wahrlich ein schwieriges Unterfangen: die eigenen Sümpfe erkennen, herausfinden, wie wir immer wieder hineingeraten oder wie wir sie uns selbst erschaffen, die missliche Situation annehmen, um im Anschluss daran behutsam etwas zu verändern. Und das sollen Sie alleine, ohne Hilfe von Experten schaffen? Ja, das ist grundsätzlich möglich, zumindest, wenn es sich um »normale« Sümpfe handelt und Sie in der Lage sind, achtsam mit sich umzugehen. Das Werkzeug dazu, das nötige Know-how halten Sie ja gewissermaßen in Form dieses Buches in Ihren Händen. Und vieles davon ist ja auch nicht »auf meinem Mist gewachsen« (in meinem Sumpf entstanden). Vielmehr habe ich versucht, die besten Strategien und Erkenntnisse hierzu für Sie zusammenzufassen, möglichst verständlich aufzubereiten und Ihnen so anzubieten, dass sie sich selber am eigenen Schopf aus Ihrem Sumpf befreien können.

In manchen Situationen, insbesondere bei hartnäckigen Sümpfen, kann es allerdings auch geraten sein, die Hilfe Dritter, gewissermaßen den Sumpf-Rettungsdienst in Anspruch zu nehmen. Und seien Sie versichert, auch ich habe das immer wieder mal im Laufe meines Lebens getan … und tue es heute noch, denn als Coach sollte man in regelmäßigen Abständen einen anderen Coach oder Therapeuten aufsuchen, um zu verhindern, im eigenen psychologischen Sumpf betriebsblind zu werden.

Grundsätzlich bestehen heute drei Möglichkeiten:

- Sie kontaktieren einen Sumpfberater, auch Coach genannt. Das ist in besonderen Lebenssituationen ratsam, wenn Sie mithilfe eines psychologisch geschulten Experten ein Problem analysieren wollen, um im Anschluss

Das Geheimnis der Veränderung und persönliches Wachstum | Und das alles ganz alleine?

daran neue Strategien für die Zukunft zu entwickeln. Dies kann mithilfe eines einmaligen Coachings von einem halben oder ganzen Tag geschehen oder eines fortlaufenden, Sie begleitenden Prozesses, der ein Jahr oder mehrere Jahre dauern kann.

○ In schwierigeren Fällen, insbesondere, wenn psychische Leiden mitwirken, sollten Sie den Weg zum professionellen Sumpfheiler suchen, zum Therapeuten. Dieser hat in der Regel eine noch fundiertere psychologische Ausbildung und weiß auch krankhafte Symptome zu erkennen und zu therapieren. Jeder gute Coach sollte auch wissen, wo seine Grenzen liegen, und schwierigere Fälle an einen Therapeuten weitervermitteln.

○ In manchen Fällen kann es auch angebracht sein, für ein paar Wochen in ein *Sumpf-Kurhaus* zu gehen, in eine gute psychologische oder psychosomatische Klinik. Ein erfahrener Therapeut weiß in der Regel, wann die Zeit dafür reif ist. Und ich kenne einige Leute, denen in einer ganz verfahrenen Situation, nach einem Burn-out oder Schicksalsschlag zum Beispiel, ein solcher Aufenthalt wieder innerlich auf die Beine – also aus ihrem Sumpf – geholfen hat und die heute wieder mit viel Freude am Spiel des Lebens teilnehmen.

Und kein Ende ohne Schluss …

Meist ist das Schlusswort genauso belanglos wie das Vorwort und wird daher oft übersprungen. Dann könnte ich es eigentlich Ihnen und mir an dieser Stelle auch ersparen. Oder ich versuche Ihnen noch etwas mit auf den Weg zu geben, das mir sehr am Herzen liegt. Das sind zwei Dinge.

Manchmal werde ich nach Vorträgen oder Seminaren gefragt, was ich von all dem Gesagten und Vermittelten wohl für das Wesentliche halte. Bezogen auf dieses Buch ist meine klare Antwort: das Annehmen dessen, was ist (Seite 53 ff.). Ein Großteil des Sumpfes entsteht eigentlich erst dadurch, dass wir mit den Umständen hadern, uns gegen Dinge und Situationen wehren, die anders verlaufen, als wir es uns vorgestellt haben. Wenn ich an die schwersten Zeiten in meinem Leben zurückdenke, bin ich dankbar, von Menschen begleitet worden zu sein, die mir genau dazu verholfen haben: das Geschehene vollkommen anzunehmen, ohne Groll und Schuldzuweisungen, und auch wenn es zunächst sehr schmerzhaft war, zu sagen: »Ja, es ist so … und vielleicht ist es auch gut so!« Es ist immer wieder erstaunlich, wie viel positive Energie entsteht, wie viel leichter das Leben wird, wie viel besser es uns geht, wenn wir unseren Frieden finden mit dem, was ist. Dann bleibt immer noch genug Raum, um behutsam Hebel und Schrauben der Veränderung in Bewegung zu setzen.

Außerdem sollten wir nie vergessen, dass unsere Psyche über eine Art seelischen »Airbag« verfügt, den wir in normalen Zeiten überhaupt nicht wahrnehmen (wie man ja auch vom Airbag im Auto auf der täglichen Fahrt nichts mitbekommt). Wissenschaftler haben festgestellt, dass wir die Fähigkeit haben, mit Schwierigkeiten, ja sogar mit Schicksalsschlägen viel besser zurechtzukommen, als wir glauben. Studien zeigen, dass wir vor gefürchteten Ereignissen viel mehr Angst haben als notwendig. Der Grund: Wir überschätzen die Intensität der negativen Gefühle und gleichzeitig unterschätzen wir die Fähigkeit und Schutzkraft unseres psychologischen Immunsystems, das heftigen Emotionen schnell die Wucht nimmt. Emotionen sind in der Tat keine konstanten Größen, sondern eher wellenartige Empfindungen, die sich in den ersten Momenten nach einem aufwühlenden Ereignis einstellen, dann aber rasch ihre Intensität und Durchschlagskraft verlieren. Insbesondere extreme Gefühlsausschläge aktivieren das psychische Immunsystem, den seelischen Airbag. Das geschieht zum eigenen Schutz, denn starke Erregungszustände sind für den Körper belastend und verhindern einen vernünftigen Umgang mit der Situation. Geringe Beeinträchtigungen lösen die innere Abwehr übrigens nicht aus.

Möglicherweise ist das einer der Gründe, warum wir diesen psychischen Schutzmechanismus nicht bewusst wahrnehmen. Laut Daniel Todd Gilbert, Professor für Psychologie an der Harvard-Universität, und Timothy D. Wilson, Professor für Psychologie an der University of Virginia, pendelt sich das innere »Wohlfühlbarometer« selbst nach einem gravierenden Schicksalsschlag schnell wieder auf dem alten Niveau ein. Sie berichten von vielen Menschen, die in relativ kurzer Zeit mit einer körperlichen Behinderung, zum Beispiel einer Querschnittslähmung, emotional zurechtgekommen sind und sich gut an diese neue Situation mit all ihren Schwierigkeiten angepasst haben, auch wenn ihnen das vorher unvorstellbar gewesen wäre. Daher ist die wahrscheinlich wichtigste Botschaft und Schlussfolgerung: Wir sollten uns weniger Sorgen um die Zukunft machen! »Ich bin im Allgemeinen ein sehr glücklicher Mensch und, ja,

meine Forschung und die anderer haben mir dabei geholfen«, unterstreicht Daniel Gilbert. »Ich gehe heute größere
Risiken ein, weil ich zuversichtlich bin, dass ich mit den
Konsequenzen gut werde leben können. Und ich genieße
die Gegenwart mehr, weil ich weiß, dass ich höchstwahr-
scheinlich auch in Zukunft glücklich sein werde, wie immer
die auch aussehen mag.« Und das kann er, weil er weiß: Unser psychisches Immunsystem funktioniert wie ein Airbag
im Auto oder ein Sicherheitsnetz unter dem Seiltänzer, das
einen möglichen Aufprall lindert bzw. einen beim Sturz auf-
fängt. Wir können lernen, darauf zu vertrauen – auch wenn
wir es nicht sehen oder fühlen können! Dann könnten wir
tatsächlich mehr Mut zum Risiko haben, das Prickeln mancher Risiken sogar genießen und auf diese Weise erfüllter,
lebendiger und zufriedener leben.

Ich wünsche Ihnen von ganzem Herzen: Lernen Sie anzunehmen, was ist, und gleichzeitig neue Schritte zu wagen,
Ihr Leben immer wieder zu verändern, auch Risiken einzu-
gehen im Vertrauen auf Ihren seelischen Airbag. Lernen Sie,
sich am eigenen Schopf aus dem Sumpf zu ziehen!

Viel Erfolg dabei wünscht Ihnen
Ihr Marco von Münchhausen

Anmerkungen

1 Wolfgang Hildesheimer: *Mitteilungen an Max über den Stand der Dinge und anderes.* Suhrkamp Verlag, Frankfurt/M. 1983/1992, Seite 11/12

2 Paul Watzlawick: *Anleitung zum Unglücklichsein.* Piper, München 1988

3 Roland Kübler: *Die Mondsteinmärchen: Ein Märchenbuch nicht nur für Erwachsene.* Stendel, Waiblingen 1988

4 Martin Heidegger: *Über den Humanismus.* Klostermann, Frankfurt/M. 1949, Seite 5

5 Vera F. Birkenbihl: *Freude durch Stress.* mvg, München, 13. Auflage 2002

6 Sogyal Rinpoche: *Das tibetische Buch vom Leben und vom Sterben. Ein Schlüssel zum tieferen Verständnis von Leben und Tod.* O.W. Barth, S. Fischer Verlag, Frankfurt/M. 1993

Literatur

Bürger, Gottfried August: *Die Abenteuer des Freiherrn von Münchhausen.* Nach der Ausgabe von 1788. Manesse 2002

Csikszentmihalyi, Mihaly: *Flow. Das Geheimnis des Glücks.* Klett-Cotta 2004

Ernst, Heiko: *Das gute Leben: Der ehrliche Weg zum Glück.* Ullstein 2003

Goleman, Daniel: *Emotionale Intelligenz.* dtv 1997

Johnson, Spencer: *Eine Minute für mich.* rororo 2002

Klein, Stefan: *Die Glücksformel oder: Wie die guten Gefühle entstehen.* Rowohlt 2002

Lelord, Francois: *Hectors Reise: oder die Suche nach dem Glück.* Piper 2006

Lundin, Stephen C.; Paul, Harry; Christensen, John; Berger, Regina: *Fish. Ein ungewöhnliches Motivationsbuch.* Redline Wirtschaftsverlag, 2005

Münchhausen, Marco von: *So zähmen Sie Ihren inneren Schweinehund.* Campus 2002/2006

Münchhausen, Marco von: *Wo die Seele auftankt.* Campus 2004

Münchhausen, Marco von: *Die 7 Lügenmärchen von der Arbeit.* Campus 2010

Münchhausen, Marco von: *Die 4 Säulen der Lebensbalance.* Ullstein Tb 2004

Parry, Danaan: *Krieger des Herzens. Eine Schulung zur friedlichen Konfliktlösung.* Lüchow 2005

Rosenberg, Marshall B.: *Gewaltfreie Kommunikation. Eine Sprache des Lebens.* Junfermann 2007

Spitzer, Manfred: *Vom Sinn des Lebens: Wege statt Werke.* Schattauer 2006

Tolle, Eckhart: *Jetzt! Die Kraft der Gegenwart. Ein Leitfaden zum spirituellen Erwachen.* Kamphausen 2010

Dr. Marco Freiherr von Münchhausen

ist renommierter Referent und Trainer im Bereich Persön-
lichkeits- und Selbstmanagement. Seine Vorträge und Semi-
nare hält er europaweit zu folgenden Themen:

o **Motivation und Stressmanagement**
Wie Sie Ihre Ziele effektiver und mit weniger Reibungs-
verlusten erreichen

o **Selbstmanagement im Alltag**
Wie Sie Ihren inneren Schweinehund zähmen und zum
Freund machen

o **Das Münchhausen-Prinzip**
Wie Sie sich am eigenen Schopf aus dem Sumpf ziehen

o **Work-Life-Balance**
Wie Sie Berufs- und Privatleben in Einklang bringen

o **Aktivierung innerer Ressourcen**
Wie Sie Ihren inneren Akku immer wieder aufladen
können

Nähere Informationen und Buchungsmöglichkeit:
www.vonmuenchhausen.de

v·o·n·m·ü·n·c·h·h·a·u·s·e·n

Erfolg im Job

Regina Först
PEOPLE FÖRST –
DIE 7 BUSINESS-GEBOTE
ISBN 978-3-466-34534-2

Isabel Nitzsche
SPIELREGELN IM JOB
DURCHSCHAUEN
ISBN 978-3-466-30941-2

Hans-Peter Unger,
Carola Kleinschmidt
BEVOR DER JOB KRANK MACHT
ISBN 978-3-466-30733-3

Andrea Lienhart
RESPEKT IM JOB
ISBN 978-3-466-30887-3